book2²

English – German

for beginners

A book in 2 languages

www.book2.de

GOETHE
VERLAG

IMPRESSUM

Johannes Schumann:
book2 English - German
EAN-13 (ISBN-13): 9781440433047

Goethe-Verlag GmbH
Postfach 152008
80051 München
Germany

Fax +49-89-74790012
www.book2.de
www.goethe-verlag.com

Table of contents

People

Personen

I	ich
I and you	ich und du
both of us	wir beide
he	er
he and she	er und sie
they both	sie beide
the man	der Mann
the woman	die Frau
the child	das Kind
a family	eine Familie
my family	meine Familie
My family is here.	Meine Familie ist hier.
I am here.	Ich bin hier.
You are here.	Du bist hier.
He is here and she is here.	Er ist hier und sie ist hier.
We are here.	Wir sind hier.
You are here.	Ihr seid hier.
They are all here.	Sie sind alle hier.

Family Members

Familie

the grandfather	der Großvater
the grandmother	die Großmutter
he and she	er und sie
the father	der Vater
the mother	die Mutter
he and she	er und sie
the son	der Sohn
the daughter	die Tochter
he and she	er und sie
the brother	der Bruder
the sister	die Schwester
he and she	er und sie
the uncle	der Onkel
the aunt	die Tante
he and she	er und sie

We are a family.	Wir sind eine Familie.
The family is not small.	Die Familie ist nicht klein.
The family is big.	Die Familie ist groß.

Getting to know others

Kennen lernen

Hi!	Hallo!
Hello!	Guten Tag!
How are you?	Wie geht's?
Do you come from Europe?	Kommen Sie aus Europa?
Do you come from America?	Kommen Sie aus Amerika?
Do you come from Asia?	Kommen Sie aus Asien?
In which hotel are you staying?	In welchem Hotel wohnen Sie?
How long have you been here for?	Wie lange sind Sie schon hier?
How long will you be staying?	Wie lange bleiben Sie?
Do you like it here?	Gefällt es Ihnen hier?
Are you here on vacation?	Machen Sie hier Urlaub?
Please do visit me sometime!	Besuchen Sie mich mal!
Here is my address.	Hier ist meine Adresse.
Shall we see each other tomorrow?	Sehen wir uns morgen?
I am sorry, but I already have plans.	Tut mir Leid, ich habe schon etwas vor.
Bye!	Tschüs!
Good bye!	Auf Wiedersehen!
See you soon!	Bis bald!

At school

In der Schule

Where are we?
We are at school.
We are having class / a lesson.

Those are the school children.
That is the teacher.
That is the class.

What are we doing?
We are learning.
We are learning a language.

I learn English.
You learn Spanish.
He learns German.

We learn French.
You all learn Italian.
They learn Russian.

Learning languages is interesting.
We want to understand people.
We want to speak with people.

Wo sind wir?
Wir sind in der Schule.
Wir haben Unterricht.

Das sind die Schüler.
Das ist die Lehrerin.
Das ist die Klasse.

Was machen wir?
Wir lernen.
Wir lernen eine Sprache.

Ich lerne Englisch.
Du lernst Spanisch.
Er lernt Deutsch.

Wir lernen Französisch.
Ihr lernt Italienisch.
Sie lernen Russisch.

Sprachen lernen ist interessant.
Wir wollen Menschen verstehen.
Wir wollen mit Menschen sprechen.

Countries and Languages

Länder und Sprachen

John is from London.
London is in Great Britain.
He speaks English.

John ist aus London.
London liegt in Großbritannien.
Er spricht Englisch.

Maria is from Madrid.
Madrid is in Spain.
She speaks Spanish.

Maria ist aus Madrid.
Madrid liegt in Spanien.
Sie spricht Spanisch.

Peter and Martha are from Berlin.
Berlin is in Germany.
Do both of you speak German?

Peter und Martha sind aus Berlin.
Berlin liegt in Deutschland.
Sprecht ihr beide Deutsch?

London is a capital city.
Madrid and Berlin are also capital cities.
Capital cities are big and noisy.

London ist eine Hauptstadt.
Madrid und Berlin sind auch Hauptstädte.
Die Hauptstädte sind groß und laut.

France is in Europe.
Egypt is in Africa.
Japan is in Asia.

Frankreich liegt in Europa.
Ägypten liegt in Afrika.
Japan liegt in Asien.

Canada is in North America.
Panama is in Central America.
Brazil is in South America.

Kanada liegt in Nordamerika.
Panama liegt in Mittelamerika.
Brasilien liegt in Südamerika.

Reading and writing

Lesen und schreiben

I read.	Ich lese.
I read a letter.	Ich lese einen Buchstaben.
I read a word.	Ich lese ein Wort.
I read a sentence.	Ich lese einen Satz.
I read a letter.	Ich lese einen Brief.
I read a book.	Ich lese ein Buch.
I read.	Ich lese.
You read.	Du liest.
He reads.	Er liest.
I write.	Ich schreibe.
I write a letter.	Ich schreibe einen Buchstaben.
I write a word.	Ich schreibe ein Wort.
I write a sentence.	Ich schreibe einen Satz.
I write a letter.	Ich schreibe einen Brief.
I write a book.	Ich schreibe ein Buch.
I write.	Ich schreibe.
You write.	Du schreibst.
He writes.	Er schreibt.

Numbers

Zahlen

I count:
one, two, three
I count to three.

Ich zähle:
eins, zwei, drei
Ich zähle bis drei.

I count further:
four, five, six,
seven, eight, nine

Ich zähle weiter:
vier, fünf, sechs,
sieben, acht, neun

I count.
You count.
He counts.

Ich zähle.
Du zählst.
Er zählt.

One. The first.
Two. The second.
Three. The third.

Eins. Der Erste.
Zwei. Der Zweite.
Drei. Der Dritte.

Four. The fourth.
Five. The fifth.
Six. The sixth.

Vier. Der Vierte.
Fünf. Der Fünfte.
Sechs. Der Sechste.

Seven. The seventh.
Eight. The eighth.
Nine. The ninth.

Sieben. Der Siebte.
Acht. Der Achte.
Neun. Der Neunte.

8 [eight]	8 [acht]
The time	**Uhrzeiten**

Excuse me!	Entschuldigen Sie!
What time is it, please?	Wie viel Uhr ist es, bitte?
Thank you very much.	Danke vielmals.

It is one o'clock.	Es ist ein Uhr.
It is two o'clock.	Es ist zwei Uhr.
It is three o'clock.	Es ist drei Uhr.

It is four o'clock.	Es ist vier Uhr.
It is five o'clock.	Es ist fünf Uhr.
It is six o'clock.	Es ist sechs Uhr.

It is seven o'clock.	Es ist sieben Uhr.
It is eight o'clock.	Es ist acht Uhr.
It is nine o'clock.	Es ist neun Uhr.

It is ten o'clock.	Es ist zehn Uhr.
It is eleven o'clock.	Es ist elf Uhr.
It is twelve o'clock.	Es ist zwölf Uhr.

A minute has sixty seconds.	Eine Minute hat sechzig Sekunden.
An hour has sixty minutes.	Eine Stunde hat sechzig Minuten.
A day has twenty-four hours.	Ein Tag hat vierundzwanzig Stunden.

Days of the week

Wochentage

Monday	der Montag
Tuesday	der Dienstag
Wednesday	der Mittwoch
Thursday	der Donnerstag
Friday	der Freitag
Saturday	der Samstag
Sunday	der Sonntag
the week	die Woche
from Monday to Sunday	von Montag bis Sonntag
The first day is Monday.	Der erste Tag ist Montag.
The second day is Tuesday.	Der zweite Tag ist Dienstag.
The third day is Wednesday.	Der dritte Tag ist Mittwoch.
The fourth day is Thursday.	Der vierte Tag ist Donnerstag.
The fifth day is Friday.	Der fünfte Tag ist Freitag.
The sixth day is Saturday.	Der sechste Tag ist Samstag.
The seventh day is Sunday.	Der siebte Tag ist Sonntag.
The week has seven days.	Die Woche hat sieben Tage.
We only work for five days.	Wir arbeiten nur fünf Tage.

**Yesterday - today -
tomorrow**

**Gestern - heute -
morgen**

Yesterday was Saturday.
I was at the cinema yesterday.
The film was interesting.

Gestern war Samstag.
Gestern war ich im Kino.
Der Film war interessant.

Today is Sunday.
I'm not working today.
I'm staying at home.

Heute ist Sonntag.
Heute arbeite ich nicht.
Ich bleibe zu Hause.

Tomorrow is Monday.
Tomorrow I will work again.
I work at an office.

Morgen ist Montag.
Morgen arbeite ich wieder.
Ich arbeite im Büro.

Who is that?
That is Peter.
Peter is a student.

Wer ist das?
Das ist Peter.
Peter ist Student.

Who is that?
That is Martha.
Martha is a secretary.

Wer ist das?
Das ist Martha.
Martha ist Sekretärin.

Peter and Martha are friends.
Peter is Martha's friend.
Martha is Peter's friend.

Peter und Martha sind Freunde.
Peter ist der Freund von Martha.
Martha ist die Freundin von Peter.

Months

Monate

January	der Januar
February	der Februar
March	der März
April	der April
May	der Mai
June	der Juni

These are six months.
January, February, March,
April, May and June.

Das sind sechs Monate.
Januar, Februar, März,
April, Mai und Juni.

July	der Juli
August	der August
September	der September
October	der Oktober
November	der November
December	der Dezember

These are also six months.
July, August, September,
October, November and December.

Das sind auch sechs Monate.
Juli, August, September,
Oktober, November und Dezember.

Beverages

Getränke

I drink tea.	Ich trinke Tee.
I drink coffee.	Ich trinke Kaffee.
I drink mineral water.	Ich trinke Mineralwasser.
Do you drink tea with lemon?	Trinkst du Tee mit Zitrone?
Do you drink coffee with sugar?	Trinkst du Kaffee mit Zucker?
Do you drink water with ice?	Trinkst du Wasser mit Eis?
There is a party here.	Hier ist eine Party.
People are drinking champagne.	Die Leute trinken Sekt.
People are drinking wine and beer.	Die Leute trinken Wein und Bier.
Do you drink alcohol?	Trinkst du Alkohol?
Do you drink whisky / whiskey (am.)?	Trinkst du Whisky?
Do you drink Coke with rum?	Trinkst du Cola mit Rum?
I do not like champagne.	Ich mag keinen Sekt.
I do not like wine.	Ich mag keinen Wein.
I do not like beer.	Ich mag kein Bier.
The baby likes milk.	Das Baby mag Milch.
The child likes cocoa and apple juice.	Das Kind mag Kakao und Apfelsaft.
The woman likes orange and grapefruit juice.	Die Frau mag Orangensaft und Grapefruitsaft.

Activities

Tätigkeiten

What does Martha do?	Was macht Martha?
She works at an office.	Sie arbeitet im Büro.
She works on the computer.	Sie arbeitet am Computer.
Where is Martha?	Wo ist Martha?
At the cinema.	Im Kino.
She is watching a film.	Sie schaut sich einen Film an.
What does Peter do?	Was macht Peter?
He studies at the university.	Er studiert an der Universität.
He studies languages.	Er studiert Sprachen.
Where is Peter?	Wo ist Peter?
At the café.	Im Café.
He is drinking coffee.	Er trinkt Kaffee.
Where do they like to go?	Wohin gehen sie gern?
To a concert.	Ins Konzert.
They like to listen to music.	Sie hören gern Musik.
Where do they not like to go?	Wohin gehen sie nicht gern?
To the disco.	In die Disco.
They do not like to dance.	Sie tanzen nicht gern.

Colors

Farben

Snow is white.
The sun is yellow.
The orange is orange.

Der Schnee ist weiß.
Die Sonne ist gelb.
Die Orange ist orange.

The cherry is red.
The sky is blue.
The grass is green.

Die Kirsche ist rot.
Der Himmel ist blau.
Das Gras ist grün.

The earth is brown.
The cloud is grey / gray (am.).
The tyres / tires (am.) are black.

Die Erde ist braun.
Die Wolke ist grau.
Die Reifen sind schwarz.

What colour / color (am.) is the snow? White.
What colour / color (am.) is the sun? Yellow.
What colour / color (am.) is the orange? Orange.

Welche Farbe hat der Schnee? Weiß.
Welche Farbe hat die Sonne? Gelb.
Welche Farbe hat die Orange? Orange.

What colour / color (am.) is the cherry? Red.
What colour / color (am.) is the sky? Blue.
What colour / color (am.) is the grass? Green.

Welche Farbe hat die Kirsche? Rot.
Welche Farbe hat der Himmel? Blau.
Welche Farbe hat das Gras? Grün.

What colour / color (am.) is the earth? Brown.
What colour / color (am.) is the cloud? Grey / Gray (am.).
What colour / color (am.) are the tyres / tires (am.)? Black.

Welche Farbe hat die Erde? Braun.
Welche Farbe hat die Wolke? Grau.
Welche Farbe haben die Reifen? Schwarz.

Fruits and food

Früchte und Lebensmittel

I have a strawberry.
I have a kiwi and a melon.
I have an orange and a grapefruit.

Ich habe eine Erdbeere.
Ich habe eine Kiwi und eine Melone.
Ich habe eine Orange und eine Grapefruit.

I have an apple and a mango.
I have a banana and a pineapple.
I am making a fruit salad.

Ich habe einen Apfel und eine Mango.
Ich habe eine Banane und eine Ananas.
Ich mache einen Obstsalat.

I am eating toast.
I am eating toast with butter.
I am eating toast with butter and jam.

Ich esse einen Toast.
Ich esse einen Toast mit Butter.
Ich esse einen Toast mit Butter und Marmelade.

I am eating a sandwich.
I am eating a sandwich with margarine.
I am eating a sandwich with margarine and tomatoes.

Ich esse ein Sandwich.
Ich esse ein Sandwich mit Margarine.
Ich esse ein Sandwich mit Margarine und Tomate.

We need bread and rice.
We need fish and steaks.
We need pizza and spaghetti.

Wir brauchen Brot und Reis.
Wir brauchen Fisch und Steaks.
Wir brauchen Pizza und Spagetti.

What else do we need?
We need carrots and tomatoes for the soup.
Where is the supermarket?

Was brauchen wir noch?
Wir brauchen Karotten und Tomaten für die Suppe.
Wo ist ein Supermarkt?

Seasons and Weather

Jahreszeiten und Wetter

These are the seasons:
Spring, summer,
autumn / fall (am.) and winter.

Das sind die Jahreszeiten:
Der Frühling, der Sommer,
der Herbst und der Winter.

The summer is warm.
The sun shines in summer.
We like to go for a walk in summer.

Der Sommer ist heiß.
Im Sommer scheint die Sonne.
Im Sommer gehen wir gern spazieren.

The winter is cold.
It snows or rains in winter.
We like to stay home in winter.

Der Winter ist kalt.
Im Winter schneit oder regnet es.
Im Winter bleiben wir gern zu Hause.

It is cold.
It is raining.
It is windy.

Es ist kalt.
Es regnet.
Es ist windig.

It is warm.
It is sunny.
It is pleasant.

Es ist warm.
Es ist sonnig.
Es ist heiter.

What is the weather like today?
It is cold today.
It is warm today.

Wie ist das Wetter heute?
Es ist kalt heute.
Es ist warm heute.

Around the house

Im Haus

Our house is here.	Hier ist unser Haus.
The roof is on top.	Oben ist das Dach.
The basement is below.	Unten ist der Keller.
There is a garden behind the house.	Hinter dem Haus ist ein Garten.
There is no street in front of the house.	Vor dem Haus ist keine Straße.
There are trees next to the house.	Neben dem Haus sind Bäume.
My apartment is here.	Hier ist meine Wohnung.
The kitchen and bathroom are here.	Hier ist die Küche und das Bad.
The living room and bedroom are there.	Dort sind das Wohnzimmer und das Schlafzimmer.
The front door is closed.	Die Haustür ist geschlossen.
But the windows are open.	Aber die Fenster sind offen.
It is hot today.	Es ist heiß heute.
We are going to the living room.	Wir gehen in das Wohnzimmer.
There is a sofa and an armchair there.	Dort sind ein Sofa und ein Sessel.
Please, sit down!	Setzen Sie sich!
My computer is there.	Dort steht mein Computer.
My stereo is there.	Dort steht meine Stereoanlage.
The TV set is brand new.	Der Fernseher ist ganz neu.

House cleaning

Hausputz

Today is Saturday.
We have time today.
We are cleaning the apartment today.

Heute ist Samstag.
Heute haben wir Zeit.
Heute putzen wir die Wohnung.

I am cleaning the bathroom.
My husband is washing the car.
The children are cleaning the bicycles.

Ich putze das Bad.
Mein Mann wäscht das Auto.
Die Kinder putzen die Fahrräder.

Grandma is watering the flowers.
The children are cleaning up the children's room.
My husband is tidying up his desk.

Oma gießt die Blumen.
Die Kinder räumen das Kinderzimmer auf.
Mein Mann räumt seinen Schreibtisch auf.

I am putting the laundry in the washing machine.
I am hanging up the laundry.
I am ironing the clothes.

Ich stecke die Wäsche in die Waschmaschine.
Ich hänge die Wäsche auf.
Ich bügele die Wäsche.

The windows are dirty.
The floor is dirty.
The dishes are dirty.

Die Fenster sind schmutzig.
Der Fußboden ist schmutzig.
Das Geschirr ist schmutzig.

Who washes the windows?
Who does the vacuuming?
Who does the dishes?

Wer putzt die Fenster?
Wer saugt Staub?
Wer spült das Geschirr?

In the kitchen

In der Küche

Do you have a new kitchen? — Hast du eine neue Küche?

What do you want to cook today? — Was willst du heute kochen?

Do you cook on an electric or a gas stove? — Kochst du elektrisch oder mit Gas?

Shall I cut the onions? — Soll ich die Zwiebeln schneiden?

Shall I peel the potatoes? — Soll ich die Kartoffeln schälen?

Shall I rinse the lettuce? — Soll ich den Salat waschen?

Where are the glasses? — Wo sind die Gläser?

Where are the dishes? — Wo ist das Geschirr?

Where is the cutlery / silverware (am.)? — Wo ist das Besteck?

Do you have a can opener? — Hast du einen Dosenöffner?

Do you have a bottle opener? — Hast du einen Flaschenöffner?

Do you have a corkscrew? — Hast du einen Korkenzieher?

Are you cooking the soup in this pot? — Kochst du die Suppe in diesem Topf?

Are you frying the fish in this pan? — Brätst du den Fisch in dieser Pfanne?

Are you grilling the vegetables on this grill? — Grillst du das Gemüse auf diesem Grill?

I am setting the table. — Ich decke den Tisch.

Here are the knives, the forks and the spoons. — Hier sind die Messer, Gabeln und Löffel.

Here are the glasses, the plates and the napkins. — Hier sind die Gläser, die Teller und die Servietten.

Small Talk 1

Small Talk 1

Make yourself comfortable!	Machen Sie es sich bequem!
Please, feel right at home!	Fühlen Sie sich wie zu Hause!
What would you like to drink?	Was möchten Sie trinken?
Do you like music?	Lieben Sie Musik?
I like classical music.	Ich mag klassische Musik.
These are my CD's.	Hier sind meine CDs.
Do you play a musical instrument?	Spielen Sie ein Instrument?
This is my guitar.	Hier ist meine Gitarre.
Do you like to sing?	Singen Sie gern?
Do you have children?	Haben Sie Kinder?
Do you have a dog?	Haben Sie einen Hund?
Do you have a cat?	Haben Sie eine Katze?
These are my books.	Hier sind meine Bücher.
I am currently reading this book.	Ich lese gerade dieses Buch.
What do you like to read?	Was lesen Sie gern?
Do you like to go to concerts?	Gehen Sie gern ins Konzert?
Do you like to go to the theatre / theater (am.)?	Gehen Sie gern ins Theater?
Do you like to go to the opera?	Gehen Sie gern in die Oper?

Where do you come from?	Woher kommen Sie?
From Basel.	Aus Basel.
Basel is in Switzerland.	Basel liegt in der Schweiz.
May I introduce Mr. Miller?	Darf ich Ihnen Herrn Müller vorstellen?
He is a foreigner.	Er ist Ausländer.
He speaks several languages.	Er spricht mehrere Sprachen.
Are you here for the first time?	Sind Sie zum ersten Mal hier?
No, I was here once last year.	Nein, ich war schon letztes Jahr hier.
Only for a week, though.	Aber nur eine Woche lang.
How do you like it here?	Wie gefällt es Ihnen bei uns?
A lot. The people are nice.	Sehr gut. Die Leute sind nett.
And I like the scenery, too.	Und die Landschaft gefällt mir auch.
What is your profession?	Was sind Sie von Beruf?
I am a translator.	Ich bin Übersetzer.
I translate books.	Ich übersetze Bücher.
Are you alone here?	Sind Sie allein hier?
No, my wife / my husband is also here.	Nein, meine Frau / mein Mann ist auch hier.
And those are my two children.	Und dort sind meine beiden Kinder.

Small Talk 3

Small Talk 3

Do you smoke?	Rauchen Sie?
I used to.	Früher ja.
But I don't smoke anymore.	Aber jetzt rauche ich nicht mehr.
Does it disturb you if I smoke?	Stört es Sie, wenn ich rauche?
No, absolutely not.	Nein, absolut nicht.
It doesn't disturb me.	Das stört mich nicht.
Will you drink something?	Trinken Sie etwas?
A brandy?	Einen Cognac?
No, preferably a beer.	Nein, lieber ein Bier.
Do you travel a lot?	Reisen Sie viel?
Yes, mostly on business trips.	Ja, meistens sind das Geschäftsreisen.
But now we're on holiday.	Aber jetzt machen wir hier Urlaub.
It's so hot!	Was für eine Hitze!
Yes, today it's really hot.	Ja, heute ist es wirklich heiß.
Let's go to the balcony.	Gehen wir auf den Balkon.
There's a party here tomorrow.	Morgen gibt es hier eine Party.
Are you also coming?	Kommen Sie auch?
Yes, we've also been invited.	Ja, wir sind auch eingeladen.

Learning foreign languages

Fremdsprachen lernen

Where did you learn Spanish?	Wo haben Sie Spanisch gelernt?
Can you also speak Portuguese?	Können Sie auch Portugiesisch?
Yes, and I also speak some Italian.	Ja, und ich kann auch etwas Italienisch.
I think you speak very well.	Ich finde, Sie sprechen sehr gut.
The languages are quite similar.	Die Sprachen sind ziemlich ähnlich.
I can understand them well.	Ich kann sie gut verstehen.
But speaking and writing is difficult.	Aber sprechen und schreiben ist schwer.
I still make many mistakes.	Ich mache noch viele Fehler.
Please correct me each time.	Bitte korrigieren Sie mich immer.
Your pronunciation is very good.	Ihre Aussprache ist ganz gut.
You only have a slight accent.	Sie haben einen kleinen Akzent.
One can tell where you come from.	Man erkennt, woher Sie kommen.
What is your mother tongue / native language (am.)?	Was ist Ihre Muttersprache?
Are you taking a language course?	Machen Sie einen Sprachkurs?
Which textbook are you using?	Welches Lehrwerk benutzen Sie?
I don't remember the name right now.	Ich weiß im Moment nicht, wie das heißt.
The title is not coming to me.	Mir fällt der Titel nicht ein.
I've forgotten it.	Ich habe das vergessen.

Appointment

Verabredung

Did you miss the bus?	Hast du den Bus verpasst?
I waited for you for half an hour.	Ich habe eine halbe Stunde auf dich gewartet.
Don't you have a mobile / cell phone (am.) with you?	Hast du kein Handy bei dir?
Be punctual next time!	Sei das nächste Mal pünktlich!
Take a taxi next time!	Nimm das nächste Mal ein Taxi!
Take an umbrella with you next time!	Nimm das nächste Mal einen Regenschirm mit!
I have the day off tomorrow.	Morgen habe ich frei.
Shall we meet tomorrow?	Wollen wir uns morgen treffen?
I'm sorry, I can't make it tomorrow.	Tut mir Leid, morgen geht es bei mir nicht.
Do you already have plans for this weekend?	Hast du dieses Wochenende schon etwas vor?
Or do you already have an appointment?	Oder bist du schon verabredet?
I suggest that we meet on the weekend.	Ich schlage vor, wir treffen uns am Wochenende.
Shall we have a picnic?	Wollen wir Picknick machen?
Shall we go to the beach?	Wollen wir an den Strand fahren?
Shall we go to the mountains?	Wollen wir in die Berge fahren?
I will pick you up at the office.	Ich hole dich vom Büro ab.
I will pick you up at home.	Ich hole dich von zu Hause ab.
I will pick you up at the bus stop.	Ich hole dich an der Bushaltestelle ab.

In the city

In der Stadt

I would like to go to the station.	Ich möchte zum Bahnhof.
I would like to go to the airport.	Ich möchte zum Flughafen.
I would like to go to the city centre / center (am.).	Ich möchte ins Stadtzentrum.
How do I get to the station?	Wie komme ich zum Bahnhof?
How do I get to the airport?	Wie komme ich zum Flughafen?
How do I get to the city centre / center (am.)?	Wie komme ich ins Stadtzentrum?
I need a taxi.	Ich brauche ein Taxi.
I need a city map.	Ich brauche einen Stadtplan.
I need a hotel.	Ich brauche ein Hotel.
I would like to rent a car.	Ich möchte ein Auto mieten.
Here is my credit card.	Hier ist meine Kreditkarte.
Here is my licence / license (am.).	Hier ist mein Führerschein.
What is there to see in the city?	Was gibt es in der Stadt zu sehen?
Go to the old city.	Gehen Sie in die Altstadt.
Go on a city tour.	Machen Sie eine Stadtrundfahrt.
Go to the harbour / harbor (am.).	Gehen Sie zum Hafen.
Go on a harbour / harbor (am.) tour.	Machen Sie eine Hafenrundfahrt.
Are there any other places of interest?	Welche Sehenswürdigkeiten gibt es außerdem noch?

In nature

In der Natur

Do you see the tower there?	Siehst du dort den Turm?
Do you see the mountain there?	Siehst du dort den Berg?
Do you see the village there?	Siehst du dort das Dorf?
Do you see the river there?	Siehst du dort den Fluss?
Do you see the bridge there?	Siehst du dort die Brücke?
Do you see the lake there?	Siehst du dort den See?
I like that bird.	Der Vogel da gefällt mir.
I like that tree.	Der Baum da gefällt mir.
I like this stone.	Der Stein hier gefällt mir.
I like that park.	Der Park da gefällt mir.
I like that garden.	Der Garten da gefällt mir.
I like this flower.	Die Blume hier gefällt mir.
I find that pretty.	Ich finde das hübsch.
I find that interesting.	Ich finde das interessant.
I find that gorgeous.	Ich finde das wunderschön.
I find that ugly.	Ich finde das hässlich.
I find that boring.	Ich finde das langweilig.
I find that terrible.	Ich finde das furchtbar.

In the hotel - Arrival

Im Hotel - Ankunft

Do you have a vacant room?	Haben Sie ein Zimmer frei?
I have booked a room.	Ich habe ein Zimmer reserviert.
My name is Miller.	Mein Name ist Müller.
I need a single room.	Ich brauche ein Einzelzimmer.
I need a double room.	Ich brauche ein Doppelzimmer.
What does the room cost per night?	Wie viel kostet das Zimmer pro Nacht?
I would like a room with a bathroom.	Ich möchte ein Zimmer mit Bad.
I would like a room with a shower.	Ich möchte ein Zimmer mit Dusche.
Can I see the room?	Kann ich das Zimmer sehen?
Is there a garage here?	Gibt es hier eine Garage?
Is there a safe here?	Gibt es hier einen Safe?
Is there a fax machine here?	Gibt es hier ein Fax?
Fine, I'll take the room.	Gut, ich nehme das Zimmer.
Here are the keys.	Hier sind die Schlüssel.
Here is my luggage.	Hier ist mein Gepäck.
What time do you serve breakfast?	Um wie viel Uhr gibt es Frühstück?
What time do you serve lunch?	Um wie viel Uhr gibt es Mittagessen?
What time do you serve dinner?	Um wie viel Uhr gibt es Abendessen?

In the hotel -
Complaints

Im Hotel -
Beschwerden

The shower isn't working.	Die Dusche funktioniert nicht.
There is no warm water.	Es kommt kein warmes Wasser.
Can you get it repaired?	Können Sie das reparieren lassen?
There is no telephone in the room.	Es gibt kein Telefon im Zimmer.
There is no TV in the room.	Es gibt keinen Fernseher im Zimmer.
The room has no balcony.	Das Zimmer hat keinen Balkon.
The room is too noisy.	Das Zimmer ist zu laut.
The room is too small.	Das Zimmer ist zu klein.
The room is too dark.	Das Zimmer ist zu dunkel.
The heater isn't working.	Die Heizung funktioniert nicht.
The air-conditioning isn't working.	Die Klimaanlage funktioniert nicht.
The TV isn't working.	Der Fernseher ist kaputt.
I don't like that.	Das gefällt mir nicht.
That's too expensive.	Das ist mir zu teuer.
Do you have anything cheaper?	Haben Sie etwas Billigeres?
Is there a youth hostel nearby?	Gibt es hier in der Nähe eine Jugendherberge?
Is there a boarding house / a bed and breakfast nearby?	Gibt es hier in der Nähe eine Pension?
Is there a restaurant nearby?	Gibt es hier in der Nähe ein Restaurant?

At the restaurant 1

Im Restaurant 1

Is this table taken?	Ist der Tisch frei?
I would like the menu, please.	Ich möchte bitte die Speisekarte.
What would you recommend?	Was können Sie empfehlen?
I'd like a beer.	Ich hätte gern ein Bier.
I'd like a mineral water.	Ich hätte gern ein Mineralwasser.
I'd like an orange juice.	Ich hätte gern einen Orangensaft.
I'd like a coffee.	Ich hätte gern einen Kaffee.
I'd like a coffee with milk.	Ich hätte gern einen Kaffee mit Milch.
With sugar, please.	Mit Zucker, bitte.
I'd like a tea.	Ich möchte einen Tee.
I'd like a tea with lemon.	Ich möchte einen Tee mit Zitrone.
I'd like a tea with milk.	Ich möchte einen Tee mit Milch.
Do you have cigarettes?	Haben Sie Zigaretten?
Do you have an ashtray?	Haben Sie einen Aschenbecher?
Do you have a light?	Haben Sie Feuer?
I'm missing a fork.	Mir fehlt eine Gabel.
I'm missing a knife.	Mir fehlt ein Messer.
I'm missing a spoon.	Mir fehlt ein Löffel.

At the restaurant 2

Im Restaurant 2

An apple juice, please.	Einen Apfelsaft, bitte.
A lemonade, please.	Eine Limonade, bitte.
A tomato juice, please.	Einen Tomatensaft, bitte.
I'd like a glass of red wine.	Ich hätte gern ein Glas Rotwein.
I'd like a glass of white wine.	Ich hätte gern ein Glas Weißwein.
I'd like a bottle of champagne.	Ich hätte gern eine Flasche Sekt.
Do you like fish?	Magst du Fisch?
Do you like beef?	Magst du Rindfleisch?
Do you like pork?	Magst du Schweinefleisch?
I'd like something without meat.	Ich möchte etwas ohne Fleisch.
I'd like some mixed vegetables.	Ich möchte eine Gemüseplatte.
I'd like something that won't take much time.	Ich möchte etwas, was nicht lange dauert.
Would you like that with rice?	Möchten Sie das mit Reis?
Would you like that with pasta?	Möchten Sie das mit Nudeln?
Would you like that with potatoes?	Möchten Sie das mit Kartoffeln?
That doesn't taste good.	Das schmeckt mir nicht.
The food is cold.	Das Essen ist kalt.
I didn't order this.	Das habe ich nicht bestellt.

At the restaurant 3

Im Restaurant 3

I would like a starter.	Ich möchte eine Vorspeise.
I would like a salad.	Ich möchte einen Salat.
I would like a soup.	Ich möchte eine Suppe.
I would like a dessert.	Ich möchte einen Nachtisch.
I would like an ice cream with whipped cream.	Ich möchte ein Eis mit Sahne.
I would like some fruit or cheese.	Ich möchte Obst oder Käse.
We would like to have breakfast.	Wir möchten frühstücken.
We would like to have lunch.	Wir möchten zu Mittag essen.
We would like to have dinner.	Wir möchten zu Abend essen.
What would you like for breakfast?	Was möchten Sie zum Frühstück?
Rolls with jam and honey?	Brötchen mit Marmelade und Honig?
Toast with sausage and cheese?	Toast mit Wurst und Käse?
A boiled egg?	Ein gekochtes Ei?
A fried egg?	Ein Spiegelei?
An omelette?	Ein Omelett?
Another yoghurt, please.	Bitte noch einen Joghurt.
Some salt and pepper also, please.	Bitte noch Salz und Pfeffer.
Another glass of water, please.	Bitte noch ein Glas Wasser.

At the restaurant 4

Im Restaurant 4

I'd like chips / French fries (am.) with ketchup.	Einmal Pommes frites mit Ketchup.
And two with mayonnaise.	Und zweimal mit Mayonnaise.
And three sausages with mustard.	Und dreimal Bratwurst mit Senf.
What vegetables do you have?	Was für Gemüse haben Sie?
Do you have beans?	Haben Sie Bohnen?
Do you have cauliflower?	Haben Sie Blumenkohl?
I like to eat (sweet) corn.	Ich esse gern Mais.
I like to eat cucumber.	Ich esse gern Gurken.
I like to eat tomatoes.	Ich esse gern Tomaten.
Do you also like to eat leek?	Essen Sie auch gern Lauch?
Do you also like to eat sauerkraut?	Essen Sie auch gern Sauerkraut?
Do you also like to eat lentils?	Essen Sie auch gern Linsen?
Do you also like to eat carrots?	Isst du auch gern Karotten?
Do you also like to eat broccoli?	Isst du auch gern Brokkoli?
Do you also like to eat peppers?	Isst du auch gern Paprika?
I don't like onions.	Ich mag keine Zwiebeln.
I don't like olives.	Ich mag keine Oliven.
I don't like mushrooms.	Ich mag keine Pilze.

At the train station

Im Bahnhof

When is the next train to Berlin?	Wann fährt der nächste Zug nach Berlin?
When is the next train to Paris?	Wann fährt der nächste Zug nach Paris?
When is the next train to London?	Wann fährt der nächste Zug nach London?

When does the train for Warsaw leave?	Um wie viel Uhr fährt der Zug nach Warschau?
When does the train for Stockholm leave?	Um wie viel Uhr fährt der Zug nach Stockholm?
When does the train for Budapest leave?	Um wie viel Uhr fährt der Zug nach Budapest?

I'd like a ticket to Madrid.	Ich möchte eine Fahrkarte nach Madrid.
I'd like a ticket to Prague.	Ich möchte eine Fahrkarte nach Prag.
I'd like a ticket to Bern.	Ich möchte eine Fahrkarte nach Bern.

When does the train arrive in Vienna?	Wann kommt der Zug in Wien an?
When does the train arrive in Moscow?	Wann kommt der Zug in Moskau an?
When does the train arrive in Amsterdam?	Wann kommt der Zug in Amsterdam an?

Do I have to change trains?	Muss ich umsteigen?
From which platform does the train leave?	Von welchem Gleis fährt der Zug ab?
Does the train have sleepers?	Gibt es Schlafwagen im Zug?

I'd like a one-way ticket to Brussels.	Ich möchte nur die Hinfahrt nach Brüssel.
I'd like a return ticket to Copenhagen.	Ich möchte eine Rückfahrkarte nach Kopenhagen.
What does a berth in the sleeper cost?	Was kostet ein Platz im Schlafwagen?

34 [thirty-four]	**34** [vierunddreißig]
On the train	**Im Zug**

Is that the train to Berlin?	Ist das der Zug nach Berlin?
When does the train leave?	Wann fährt der Zug ab?
When does the train arrive in Berlin?	Wann kommt der Zug in Berlin an?
Excuse me, may I pass?	Verzeihung, darf ich vorbei?
I think this is my seat.	Ich glaube, das ist mein Platz.
I think you're sitting in my seat.	Ich glaube, Sie sitzen auf meinem Platz.
Where is the sleeper?	Wo ist der Schlafwagen?
The sleeper is at the end of the train.	Der Schlafwagen ist am Ende des Zuges.
And where is the dining car? - At the front.	Und wo ist der Speisewagen? - Am Anfang.
Can I sleep below?	Kann ich unten schlafen?
Can I sleep in the middle?	Kann ich in der Mitte schlafen?
Can I sleep at the top?	Kann ich oben schlafen?
When will we get to the border?	Wann sind wir an der Grenze?
How long does the journey to Berlin take?	Wie lange dauert die Fahrt nach Berlin?
Is the train delayed?	Hat der Zug Verspätung?
Do you have something to read?	Haben Sie etwas zu lesen?
Can one get something to eat and to drink here?	Kann man hier etwas zu essen und zu trinken bekommen?
Could you please wake me up at 7 o'clock?	Würden Sie mich bitte um 7.00 Uhr wecken?

35 [thirty-five]	35 [fünfunddreißig]
At the airport	**Am Flughafen**

I'd like to book a flight to Athens.	Ich möchte einen Flug nach Athen buchen.
Is it a direct flight?	Ist das ein Direktflug?
A window seat, non-smoking, please.	Bitte einen Fensterplatz, Nichtraucher.
I would like to confirm my reservation.	Ich möchte meine Reservierung bestätigen.
I would like to cancel my reservation.	Ich möchte meine Reservierung stornieren.
I would like to change my reservation.	Ich möchte meine Reservierung umbuchen.
When is the next flight to Rome?	Wann geht die nächste Maschine nach Rom?
Are there two seats available?	Sind noch zwei Plätze frei?
No, we have only one seat available.	Nein, wir haben nur noch einen Platz frei.
When do we land?	Wann landen wir?
When will we be there?	Wann sind wir da?
When does a bus go to the city centre / center (am.)?	Wann fährt ein Bus ins Stadtzentrum?
Is that your suitcase?	Ist das Ihr Koffer?
Is that your bag?	Ist das Ihre Tasche?
Is that your luggage?	Ist das Ihr Gepäck?
How much luggage can I take?	Wie viel Gepäck kann ich mitnehmen?
Twenty kilos.	Zwanzig Kilo.
What? Only twenty kilos?	Was, nur zwanzig Kilo?

Public transportation

**Öffentlicher
Nahverkehr**

Where is the bus stop?	Wo ist die Bushaltestelle?
Which bus goes to the city centre / center (am.)?	Welcher Bus fährt ins Zentrum?
Which bus do I have to take?	Welche Linie muss ich nehmen?
Do I have to change?	Muss ich umsteigen?
Where do I have to change?	Wo muss ich umsteigen?
How much does a ticket cost?	Was kostet ein Fahrschein?
How many stops are there before downtown / the city centre?	Wie viele Haltestellen sind es bis zum Zentrum?
You have to get off here.	Sie müssen hier aussteigen.
You have to get off at the back.	Sie müssen hinten aussteigen.
The next train is in 5 minutes.	Die nächste U-Bahn kommt in 5 Minuten.
The next tram is in 10 minutes.	Die nächste Straßenbahn kommt in 10 Minuten.
The next bus is in 15 minutes.	Der nächste Bus kommt in 15 Minuten.
When is the last train?	Wann fährt die letzte U-Bahn?
When is the last tram?	Wann fährt die letzte Straßenbahn?
When is the last bus?	Wann fährt der letzte Bus?
Do you have a ticket?	Haben Sie einen Fahrschein?
A ticket? - No, I don't have one.	Einen Fahrschein? - Nein, ich habe keinen.
Then you have to pay a fine.	Dann müssen Sie eine Strafe zahlen.

He drives a motorbike.	Er fährt mit dem Motorrad.
He rides a bicycle.	Er fährt mit dem Fahrrad.
He walks.	Er geht zu Fuß.
He goes by ship.	Er fährt mit dem Schiff.
He goes by boat.	Er fährt mit dem Boot.
He swims.	Er schwimmt.
Is it dangerous here?	Ist es hier gefährlich?
Is it dangerous to hitchhike alone?	Ist es gefährlich, allein zu trampen?
Is it dangerous to go for a walk at night?	Ist es gefährlich, nachts spazieren zu gehen?
We got lost.	Wir haben uns verfahren.
We're on the wrong road.	Wir sind auf dem falschen Weg.
We must turn around.	Wir müssen umkehren.
Where can one park here?	Wo kann man hier parken?
Is there a parking lot here?	Gibt es hier einen Parkplatz?
How long can one park here?	Wie lange kann man hier parken?
Do you ski?	Fahren Sie Ski?
Do you take the ski lift to the top?	Fahren Sie mit dem Skilift nach oben?
Can one rent skis here?	Kann man hier Ski leihen?

In the taxi

Im Taxi

Please call a taxi.	Rufen Sie bitte ein Taxi.
What does it cost to go to the station?	Was kostet es bis zum Bahnhof?
What does it cost to go to the airport?	Was kostet es bis zum Flughafen?
Please go straight ahead.	Bitte geradeaus.
Please turn right here.	Bitte hier nach rechts.
Please turn left at the corner.	Bitte dort an der Ecke nach links.
I'm in a hurry.	Ich habe es eilig.
I have time.	Ich habe Zeit.
Please drive slowly.	Fahren Sie bitte langsamer.
Please stop here.	Halten Sie hier bitte.
Please wait a moment.	Warten Sie bitte einen Moment.
I'll be back immediately.	Ich bin gleich zurück.
Please give me a receipt.	Bitte geben Sie mir eine Quittung.
I have no change.	Ich habe kein Kleingeld.
That is okay, please keep the change.	Es stimmt so, der Rest ist für Sie.
Drive me to this address.	Fahren Sie mich zu dieser Adresse.
Drive me to my hotel.	Fahren Sie mich zu meinem Hotel.
Drive me to the beach.	Fahren Sie mich zum Strand.

Car breakdown

Autopanne

Where is the next gas station?	Wo ist die nächste Tankstelle?
I have a flat tyre / tire (am.).	Ich habe einen Platten.
Can you change the tyre / tire (am.)?	Können Sie das Rad wechseln?
I need a few litres /liters (am.) of diesel.	Ich brauche ein paar Liter Diesel.
I have no more petrol / gas (am.).	Ich habe kein Benzin mehr.
Do you have a petrol can / jerry can / gas can (am.)?	Haben Sie einen Reservekanister?
Where can I make a call?	Wo kann ich telefonieren?
I need a towing service.	Ich brauche einen Abschleppdienst.
I'm looking for a garage.	Ich suche eine Werkstatt.
An accident has occurred.	Es ist ein Unfall passiert.
Where is the nearest telephone?	Wo ist das nächste Telefon?
Do you have a mobile / cell phone (am.) with you?	Haben Sie ein Handy bei sich?
We need help.	Wir brauchen Hilfe.
Call a doctor!	Rufen Sie einen Arzt!
Call the police!	Rufen Sie die Polizei!
Your papers, please.	Ihre Papiere, bitte.
Your licence / license (am.), please.	Ihren Führerschein, bitte.
Your registration, please.	Ihren Kfz-Schein, bitte.

40 [forty]

Asking for directions

40 [vierzig]

Nach dem Weg fragen

Excuse me!
Can you help me?
Is there a good restaurant around here?

Entschuldigen Sie!
Können Sie mir helfen?
Wo gibt es hier ein gutes Restaurant?

Take a left at the corner.
Then go straight for a while.
Then go right for a hundred metres / meters (am.).

Gehen Sie links um die Ecke.
Gehen Sie dann ein Stück geradeaus.
Gehen Sie dann hundert Meter nach rechts.

You can also take the bus.
You can also take the tram.
You can also follow me with your car.

Sie können auch den Bus nehmen.
Sie können auch die Straßenbahn nehmen.
Sie können auch einfach hinter mir herfahren.

How do I get to the football / soccer (am.) stadium?
Cross the bridge!
Go through the tunnel!

Wie komme ich zum Fußballstadion?
Überqueren Sie die Brücke!
Fahren Sie durch den Tunnel!

Drive until you reach the third traffic light.
Then turn into the first street on your right.
Then drive straight through the next intersection.

Fahren Sie bis zur dritten Ampel.
Biegen Sie dann die erste Straße rechts ab.
Fahren Sie dann geradeaus über die nächste Kreuzung.

Excuse me, how do I get to the airport?
It is best if you take the underground / subway (am.).
Simply get out at the last stop.

Entschuldigung, wie komme ich zum Flughafen?
Am besten nehmen Sie die U-Bahn.
Fahren Sie einfach bis zur Endstation.

Where is … ?

Orientierung

Where is the tourist information office?	Wo ist das Fremdenverkehrsamt?
Do you have a city map for me?	Haben Sie einen Stadtplan für mich?
Can one reserve a room here?	Kann man hier ein Hotelzimmer reservieren?
Where is the old city?	Wo ist die Altstadt?
Where is the cathedral?	Wo ist der Dom?
Where is the museum?	Wo ist das Museum?
Where can one buy stamps?	Wo gibt es Briefmarken zu kaufen?
Where can one buy flowers?	Wo gibt es Blumen zu kaufen?
Where can one buy tickets?	Wo gibt es Fahrkarten zu kaufen?
Where is the harbour / harbor (am.)?	Wo ist der Hafen?
Where is the market?	Wo ist der Markt?
Where is the castle?	Wo ist das Schloss?
When does the tour begin?	Wann beginnt die Führung?
When does the tour end?	Wann endet die Führung?
How long is the tour?	Wie lange dauert die Führung?
I would like a guide who speaks German.	Ich möchte einen Führer, der Deutsch spricht.
I would like a guide who speaks Italian.	Ich möchte einen Führer, der Italienisch spricht.
I would like a guide who speaks French.	Ich möchte einen Führer, der Französisch spricht.

Is the market open on Sundays?	Ist der Markt sonntags geöffnet?
Is the fair open on Mondays?	Ist die Messe montags geöffnet?
Is the exhibition open on Tuesdays?	Ist die Ausstellung dienstags geöffnet?
Is the zoo open on Wednesdays?	Hat der Zoo mittwochs geöffnet?
Is the museum open on Thursdays?	Hat das Museum donnerstags geöffnet?
Is the gallery open on Fridays?	Hat die Galerie freitags geöffnet?
Can one take photographs?	Darf man fotografieren?
Does one have to pay an entrance fee?	Muss man Eintritt bezahlen?
How much is the entrance fee?	Wie viel kostet der Eintritt?
Is there a discount for groups?	Gibt es eine Ermäßigung für Gruppen?
Is there a discount for children?	Gibt es eine Ermäßigung für Kinder?
Is there a discount for students?	Gibt es eine Ermäßigung für Studenten?
What building is that?	Was für ein Gebäude ist das?
How old is the building?	Wie alt ist das Gebäude?
Who built the building?	Wer hat das Gebäude gebaut?
I'm interested in architecture.	Ich interessiere mich für Architektur.
I'm interested in art.	Ich interessiere mich für Kunst.
I'm interested in paintings.	Ich interessiere mich für Malerei.

At the zoo

Im Zoo

The zoo is there.	Dort ist der Zoo.
The giraffes are there.	Dort sind die Giraffen.
Where are the bears?	Wo sind die Bären?
Where are the elephants?	Wo sind die Elefanten?
Where are the snakes?	Wo sind die Schlangen?
Where are the lions?	Wo sind die Löwen?
I have a camera.	Ich habe einen Fotoapparat.
I also have a video camera.	Ich habe auch eine Filmkamera.
Where can I find a battery?	Wo ist eine Batterie?
Where are the penguins?	Wo sind die Pinguine?
Where are the kangaroos?	Wo sind die Kängurus?
Where are the rhinos?	Wo sind die Nashörner?
Where is the toilet / restroom (am.)?	Wo ist eine Toilette?
There is a café over there.	Dort ist ein Café.
There is a restaurant over there.	Dort ist ein Restaurant.
Where are the camels?	Wo sind die Kamele?
Where are the gorillas and the zebras?	Wo sind die Gorillas und die Zebras?
Where are the tigers and the crocodiles?	Wo sind die Tiger und die Krokodile?

Going out in the evening

Abends ausgehen

Is there a disco here?	Gibt es hier eine Diskothek?
Is there a nightclub here?	Gibt es hier einen Nachtclub?
Is there a pub here?	Gibt es hier eine Kneipe?
What's playing at the theatre / theater (am.) this evening?	Was gibt es heute Abend im Theater?
What's playing at the cinema / movies (am.) this evening?	Was gibt es heute Abend im Kino?
What's on TV this evening?	Was gibt es heute Abend im Fernsehen?
Are tickets for the theatre / theater (am.) still available?	Gibt es noch Karten fürs Theater?
Are tickets for the cinema / movies (am.) still available?	Gibt es noch Karten fürs Kino?
Are tickets for the football / soccer am. game still available?	Gibt es noch Karten für das Fußballspiel?
I want to sit in the back.	Ich möchte ganz hinten sitzen.
I want to sit somewhere in the middle.	Ich möchte irgendwo in der Mitte sitzen.
I want to sit at the front.	Ich möchte ganz vorn sitzen.
Could you recommend something?	Können Sie mir etwas empfehlen?
When does the show begin?	Wann beginnt die Vorstellung?
Can you get me a ticket?	Können Sie mir eine Karte besorgen?
Is there a golf course nearby?	Ist hier in der Nähe ein Golfplatz?
Is there a tennis court nearby?	Ist hier in der Nähe ein Tennisplatz?
Is there an indoor swimming pool nearby?	Ist hier in der Nähe ein Hallenbad?

At the cinema

Im Kino

We want to go to the cinema.	Wir wollen ins Kino.
A good film is playing today.	Heute läuft ein guter Film.
The film is brand new.	Der Film ist ganz neu.
Where is the cash register?	Wo ist die Kasse?
Are seats still available?	Gibt es noch freie Plätze?
How much are the admission tickets?	Was kosten die Eintrittskarten?
When does the show begin?	Wann beginnt die Vorstellung?
How long is the film?	Wie lange dauert der Film?
Can one reserve tickets?	Kann man Karten reservieren?
I want to sit at the back.	Ich möchte hinten sitzen.
I want to sit at the front.	Ich möchte vorn sitzen.
I want to sit in the middle.	Ich möchte in der Mitte sitzen.
The film was exciting.	Der Film war spannend.
The film was not boring.	Der Film war nicht langweilig.
But the book on which the film was based was better.	Aber das Buch zum Film war besser.
How was the music?	Wie war die Musik?
How were the actors?	Wie waren die Schauspieler?
Were there English subtitles?	Gab es Untertitel in englischer Sprache?

46 [forty-six]	**46 [sechsundvierzig]**
In the discotheque	**In der Diskothek**

Is this seat taken?	Ist der Platz hier frei?
May I sit with you?	Darf ich mich zu Ihnen setzen?
Sure.	Gern.
How do you like the music?	Wie finden Sie die Musik?
A little too loud.	Ein bisschen zu laut.
But the band plays very well.	Aber die Band spielt ganz gut.
Do you come here often?	Sind Sie öfter hier?
No, this is the first time.	Nein, das ist das erste Mal.
I've never been here before.	Ich war noch nie hier.
Would you like to dance?	Tanzen Sie?
Maybe later.	Später vielleicht.
I can't dance very well.	Ich kann nicht so gut tanzen.
It's very easy.	Das ist ganz einfach.
I'll show you.	Ich zeige es Ihnen.
No, maybe some other time.	Nein, lieber ein anderes Mal.
Are you waiting for someone?	Warten Sie auf jemand?
Yes, for my boyfriend.	Ja, auf meinen Freund.
There he is!	Da hinten kommt er ja!

Preparing a trip

Reisevorbereitungen

You have to pack our suitcase!
Don't forget anything!
You need a big suitcase!

Du musst unseren Koffer packen!
Du darfst nichts vergessen!
Du brauchst einen großen Koffer!

Don't forget your passport!
Don't forget your ticket!
Don't forget your traveller's cheques / traveler's checks (am.)!

Vergiss nicht den Reisepass!
Vergiss nicht das Flugticket!
Vergiss nicht die Reiseschecks!

Take some suntan lotion with you.
Take the sun-glasses with you.
Take the sun hat with you.

Nimm Sonnencreme mit.
Nimm die Sonnenbrille mit.
Nimm den Sonnenhut mit.

Do you want to take a road map?
Do you want to take a travel guide?
Do you want to take an umbrella?

Willst du eine Straßenkarte mitnehmen?
Willst du einen Reiseführer mitnehmen?
Willst du einen Regenschirm mitnehmen?

Remember to take pants, shirts and socks.
Remember to take ties, belts and sports jackets.
Remember to take pyjamas, nightgowns and t-shirts.

Denk an die Hosen, die Hemden, die Socken.
Denk an die Krawatten, die Gürtel, die Sakkos.
Denk an die Schlafanzüge, die Nachthemden und die T-Shirts.

You need shoes, sandals and boots.
You need handkerchiefs, soap and a nail clipper.
You need a comb, a toothbrush and toothpaste.

Du brauchst Schuhe, Sandalen und Stiefel.
Du brauchst Taschentücher, Seife und eine Nagelschere.
Du brauchst einen Kamm, eine Zahnbürste und Zahnpasta.

Vacation activities

Urlaubsaktivitäten

Is the beach clean?	Ist der Strand sauber?
Can one swim there?	Kann man dort baden?
Isn't it dangerous to swim there?	Ist es nicht gefährlich, dort zu baden?
Can one rent a sun umbrella / parasol here?	Kann man hier einen Sonnenschirm leihen?
Can one rent a deck chair here?	Kann man hier einen Liegestuhl leihen?
Can one rent a boat here?	Kann man hier ein Boot leihen?
I would like to surf.	Ich würde gern surfen.
I would like to dive.	Ich würde gern tauchen.
I would like to water ski.	Ich würde gern Wasserski fahren.
Can one rent a surfboard?	Kann man ein Surfbrett mieten?
Can one rent diving equipment?	Kann man eine Taucherausrüstung mieten?
Can one rent water skis?	Kann man Wasserskier mieten?
I'm only a beginner.	Ich bin erst Anfänger.
I'm moderately good.	Ich bin mittelgut.
I'm pretty good at it.	Ich kenne mich damit schon aus.
Where is the ski lift?	Wo ist der Skilift?
Do you have skis?	Hast du denn Skier dabei?
Do you have ski boots?	Hast du denn Skischuhe dabei?

Sports

Sport

Do you exercise?	Treibst du Sport?
Yes, I need some exercise.	Ja, ich muss mich bewegen.
I am a member of a sports club.	Ich gehe in einen Sportverein.
We play football / soccer (am.).	Wir spielen Fußball.
We swim sometimes.	Manchmal schwimmen wir.
Or we cycle.	Oder wir fahren Rad.
There is a football / soccer (am.) stadium in our city.	In unserer Stadt gibt es ein Fußballstadion.
There is also a swimming pool with a sauna.	Es gibt auch ein Schwimmbad mit Sauna.
And there is a golf course.	Und es gibt einen Golfplatz.
What is on TV?	Was gibt es im Fernsehen?
There is a football / soccer (am.) match on now.	Gerade gibt es ein Fußballspiel.
The German team is playing against the English one.	Die deutsche Mannschaft spielt gegen die englische.
Who is winning?	Wer gewinnt?
I have no idea.	Ich habe keine Ahnung.
It is currently a tie.	Im Moment steht es unentschieden.
The referee is from Belgium.	Der Schiedsrichter kommt aus Belgien.
Now there is a penalty.	Jetzt gibt es einen Elfmeter.
Goal! One - zero!	Tor! Eins zu null!

50 [fifty]	50 [fünfzig]
In the swimming pool	**Im Schwimmbad**

It is hot today.

Shall we go to the swimming pool?

Do you feel like swimming?

Do you have a towel?

Do you have swimming trunks?

Do you have a bathing suit?

Can you swim?

Can you dive?

Can you jump in the water?

Where is the shower?

Where is the changing room?

Where are the swimming goggles?

Is the water deep?

Is the water clean?

Is the water warm?

I am freezing.

The water is too cold.

I am getting out of the water now.

Heute ist es heiß.

Gehen wir ins Schwimmbad?

Hast du Lust, schwimmen zu gehen?

Hast du ein Handtuch?

Hast du eine Badehose?

Hast du einen Badeanzug?

Kannst du schwimmen?

Kannst du tauchen?

Kannst du ins Wasser springen?

Wo ist die Dusche?

Wo ist die Umkleidekabine?

Wo ist die Schwimmbrille?

Ist das Wasser tief?

Ist das Wasser sauber?

Ist das Wasser warm?

Ich friere.

Das Wasser ist zu kalt.

Ich gehe jetzt aus dem Wasser.

Running errands

Besorgungen machen

I want to go to the library.
I want to go to the bookstore.
I want to go to the newspaper stand.

Ich will in die Bibliothek.
Ich will in die Buchhandlung.
Ich will zum Kiosk.

I want to borrow a book.
I want to buy a book.
I want to buy a newspaper.

Ich will ein Buch leihen.
Ich will ein Buch kaufen.
Ich will eine Zeitung kaufen.

I want to go to the library to borrow a book.
I want to go to the bookstore to buy a book.
I want to go to the kiosk / newspaper stand to buy a newspaper.

Ich will in die Bibliothek, um ein Buch zu leihen.
Ich will in die Buchhandlung, um ein Buch zu kaufen.
Ich will zum Kiosk, um eine Zeitung zu kaufen.

I want to go to the optician.
I want to go to the supermarket.
I want to go to the bakery.

Ich will zum Optiker.
Ich will zum Supermarkt.
Ich will zum Bäcker.

I want to buy some glasses.
I want to buy fruit and vegetables.
I want to buy rolls and bread.

Ich will eine Brille kaufen.
Ich will Obst und Gemüse kaufen.
Ich will Brötchen und Brot kaufen.

I want to go to the optician to buy glasses.
I want to go to the supermarket to buy fruit and vegetables.
I want to go to the baker to buy rolls and bread.

Ich will zum Optiker, um eine Brille zu kaufen.
Ich will zum Supermarkt, um Obst und Gemüse zu kaufen.
Ich will zum Bäcker, um Brötchen und Brot zu kaufen.

52 [fifty-two]

In the department store

52 [zweiundfünfzig]

Im Kaufhaus

Shall we go to the department store?
I have to go shopping.
I want to do a lot of shopping.

Gehen wir in ein Kaufhaus?
Ich muss Einkäufe machen.
Ich will viel einkaufen.

Where are the office supplies?
I need envelopes and stationery.
I need pens and markers.

Wo sind die Büroartikel?
Ich brauche Briefumschläge und Briefpapier.
Ich brauche Kulis und Filzstifte.

Where is the furniture?
I need a cupboard and a chest of drawers.
I need a desk and a bookshelf.

Wo sind die Möbel?
Ich brauche einen Schrank und eine Kommode.
Ich brauche einen Schreibtisch und ein Regal.

Where are the toys?
I need a doll and a teddy bear.
I need a football and a chess board.

Wo sind die Spielsachen?
Ich brauche eine Puppe und einen Teddybär.
Ich brauche einen Fußball und ein Schachspiel.

Where are the tools?
I need a hammer and a pair of pliers.
I need a drill and a screwdriver.

Wo ist das Werkzeug?
Ich brauche einen Hammer und eine Zange.
Ich brauche einen Bohrer und einen Schraubenzieher.

Where is the jewellery / jewelry (am.) department?
I need a chain and a bracelet.
I need a ring and earrings.

Wo ist der Schmuck?
Ich brauche eine Kette und ein Armband.
Ich brauche einen Ring und Ohrringe.

Shops

Geschäfte

We're looking for a sports shop.	Wir suchen ein Sportgeschäft.
We're looking for a butcher shop.	Wir suchen eine Fleischerei.
We're looking for a pharmacy / drugstore (am.).	Wir suchen eine Apotheke.
We want to buy a football.	Wir möchten nämlich einen Fußball kaufen.
We want to buy salami.	Wir möchten nämlich Salami kaufen.
We want to buy medicine.	Wir möchten nämlich Medikamente kaufen.
We're looking for a sports shop to buy a football.	Wir suchen ein Sportgeschäft, um einen Fußball zu kaufen.
We're looking for a butcher shop to buy salami.	Wir suchen eine Fleischerei, um Salami zu kaufen.
We're looking for a drugstore to buy medicine.	Wir suchen eine Apotheke, um Medikamente zu kaufen.
I'm looking for a jeweller / jeweler (am.).	Ich suche einen Juwelier.
I'm looking for a photo equipment store.	Ich suche ein Fotogeschäft.
I'm looking for a confectionery.	Ich suche eine Konditorei.
I actually plan to buy a ring.	Ich habe nämlich vor, einen Ring zu kaufen.
I actually plan to buy a roll of film.	Ich habe nämlich vor, einen Film zu kaufen.
I actually plan to buy a cake.	Ich habe nämlich vor, eine Torte zu kaufen.
I'm looking for a jeweler to buy a ring.	Ich suche einen Juwelier, um einen Ring zu kaufen.
I'm looking for a photo shop to buy a roll of film.	Ich suche ein Fotogeschäft, um einen Film zu kaufen.
I'm looking for a confectionery to buy a cake.	Ich suche eine Konditorei, um eine Torte zu kaufen.

Shopping

Einkaufen

I want to buy a present.	Ich möchte ein Geschenk kaufen.
But nothing too expensive.	Aber nichts allzu Teueres.
Maybe a handbag?	Vielleicht eine Handtasche?
Which color would you like?	Welche Farbe möchten Sie?
Black, brown or white?	Schwarz, braun oder weiß?
A large one or a small one?	Eine große oder eine kleine?
May I see this one, please?	Darf ich diese mal sehen?
Is it made of leather?	Ist die aus Leder?
Or is it made of plastic?	Oder ist die aus Kunststoff?
Of leather, of course.	Aus Leder natürlich.
This is very good quality.	Das ist eine besonders gute Qualität.
And the bag is really very reasonable.	Und die Handtasche ist wirklich sehr preiswert.
I like it.	Die gefällt mir.
I'll take it.	Die nehme ich.
Can I exchange it if needed?	Kann ich die eventuell umtauschen?
Of course.	Selbstverständlich.
We'll gift wrap it.	Wir packen sie als Geschenk ein.
The cashier is over there.	Dort drüben ist die Kasse.

Working

Arbeiten

What do you do for a living?	Was machen Sie beruflich?
My husband is a doctor.	Mein Mann ist Arzt von Beruf.
I work as a nurse part-time.	Ich arbeite halbtags als Krankenschwester.
We will soon receive our pension.	Bald bekommen wir Rente.
But taxes are high.	Aber die Steuern sind hoch.
And health insurance is expensive.	Und die Krankenversicherung ist hoch.
What would you like to become some day?	Was willst du einmal werden?
I would like to become an engineer.	Ich möchte Ingenieur werden.
I want to go to college.	Ich will an der Universität studieren.
I am an intern.	Ich bin Praktikant.
I do not earn much.	Ich verdiene nicht viel.
I am doing an internship abroad.	Ich mache ein Praktikum im Ausland.
That is my boss.	Das ist mein Chef.
I have nice colleagues.	Ich habe nette Kollegen.
We always go to the cafeteria at noon.	Mittags gehen wir immer in die Kantine.
I am looking for a job.	Ich suche eine Stelle.
I have already been unemployed for a year.	Ich bin schon ein Jahr arbeitslos.
There are too many unemployed people in this country.	In diesem Land gibt es zu viele Arbeitslose.

Feelings

Gefühle

to feel like / want to	Lust haben
We feel like / want to.	Wir haben Lust.
We don't feel like / want to.	Wir haben keine Lust.
to be afraid	Angst haben
I'm afraid.	Ich habe Angst.
I am not afraid.	Ich habe keine Angst.
to have time	Zeit haben
He has time.	Er hat Zeit.
He has no time.	Er hat keine Zeit.
to be bored	Langeweile haben
She is bored.	Sie hat Langeweile.
She is not bored.	Sie hat keine Langeweile.
to be hungry	Hunger haben
Are you hungry?	Habt ihr Hunger?
Aren't you hungry?	Habt ihr keinen Hunger?
to be thirsty	Durst haben
They are thirsty.	Sie haben Durst.
They are not thirsty.	Sie haben keinen Durst.

At the doctor

Beim Arzt

I have a doctor's appointment.	Ich habe einen Termin beim Arzt.
I have the appointment at ten o'clock.	Ich habe den Termin um zehn Uhr.
What is your name?	Wie ist Ihr Name?
Please take a seat in the waiting room.	Bitte nehmen Sie im Wartezimmer Platz.
The doctor is on his way.	Der Arzt kommt gleich.
What insurance company do you belong to?	Wo sind Sie versichert?
What can I do for you?	Was kann ich für Sie tun?
Do you have any pain?	Haben Sie Schmerzen?
Where does it hurt?	Wo tut es weh?
I always have back pain.	Ich habe immer Rückenschmerzen.
I often have headaches.	Ich habe oft Kopfschmerzen.
I sometimes have stomach aches.	Ich habe manchmal Bauchschmerzen.
Remove your top!	Machen Sie bitte den Oberkörper frei!
Lie down on the examining table.	Legen Sie sich bitte auf die Liege!
Your blood pressure is okay.	Der Blutdruck ist in Ordnung.
I will give you an injection.	Ich gebe Ihnen eine Spritze.
I will give you some pills.	Ich gebe Ihnen Tabletten.
I am giving you a prescription for the pharmacy.	Ich gebe Ihnen ein Rezept für die Apotheke.

Parts of the body

Körperteile

I am drawing a man.	Ich zeichne einen Mann.
First the head.	Zuerst den Kopf.
The man is wearing a hat.	Der Mann trägt einen Hut.
One cannot see the hair.	Die Haare sieht man nicht.
One cannot see the ears either.	Die Ohren sieht man auch nicht.
One cannot see his back either.	Den Rücken sieht man auch nicht.
I am drawing the eyes and the mouth.	Ich zeichne die Augen und den Mund.
The man is dancing and laughing.	Der Mann tanzt und lacht.
The man has a long nose.	Der Mann hat eine lange Nase.
He is carrying a cane in his hands.	Er trägt einen Stock in den Händen.
He is also wearing a scarf around his neck.	Er trägt auch einen Schal um den Hals.
It is winter and it is cold.	Es ist Winter und es ist kalt.
The arms are athletic.	Die Arme sind kräftig.
The legs are also athletic.	Die Beine sind auch kräftig.
The man is made of snow.	Der Mann ist aus Schnee.
He is neither wearing pants nor a coat.	Er trägt keine Hose und keinen Mantel.
But the man is not freezing.	Aber der Mann friert nicht.
He is a snowman.	Er ist ein Schneemann.

At the post office

Im Postamt

Where is the nearest post office?	Wo ist das nächste Postamt?
Is the post office far from here?	Ist es weit bis zum nächsten Postamt?
Where is the nearest mail box?	Wo ist der nächste Briefkasten?
I need a couple of stamps.	Ich brauche ein paar Briefmarken.
For a card and a letter.	Für eine Karte und einen Brief.
How much is the postage to America?	Wie teuer ist das Porto nach Amerika?
How heavy is the package?	Wie schwer ist das Paket?
Can I send it by air mail?	Kann ich es per Luftpost schicken?
How long will it take to get there?	Wie lange dauert es, bis es ankommt?
Where can I make a call?	Wo kann ich telefonieren?
Where is the nearest telephone booth?	Wo ist die nächste Telefonzelle?
Do you have calling cards?	Haben Sie Telefonkarten?
Do you have a telephone directory?	Haben Sie ein Telefonbuch?
Do you know the area code for Austria?	Kennen Sie die Vorwahl von Österreich?
One moment, I'll look it up.	Einen Augenblick, ich schau mal nach.
The line is always busy.	Die Leitung ist immer besetzt.
Which number did you dial?	Welche Nummer haben Sie gewählt?
You have to dial a zero first!	Sie müssen zuerst die Null wählen!

At the bank

In der Bank

I would like to open an account.
Here is my passport.
And here is my address.

Ich möchte ein Konto eröffnen.
Hier ist mein Pass.
Und hier ist meine Adresse.

I want to deposit money in my account.
I want to withdraw money from my account.
I want to pick up the bank statements.

Ich möchte Geld auf mein Konto einzahlen.
Ich möchte Geld von meinem Konto abheben.
Ich möchte die Kontoauszüge abholen.

I want to cash a traveller's cheque / traveler's check (am.).
What are the fees?
Where should I sign?

Ich möchte einen Reisescheck einlösen.
Wie hoch sind die Gebühren?
Wo muss ich unterschreiben?

I'm expecting a transfer from Germany.
Here is my account number.
Has the money arrived?

Ich erwarte eine Überweisung aus Deutschland.
Hier ist meine Kontonummer.
Ist das Geld angekommen?

I want to change money.
I need US-Dollars.
Could you please give me small notes / bills (am.)?

Ich möchte dieses Geld wechseln.
Ich brauche US-Dollar.
Bitte geben Sie mir kleine Scheine.

Is there a cashpoint / an ATM (am.)?
How much money can one withdraw?
Which credit cards can one use?

Gibt es hier einen Geldautomat?
Wie viel Geld kann man abheben?
Welche Kreditkarten kann man benutzen?

Ordinal numbers

Ordinalzahlen

The first month is January.	Der erste Monat ist der Januar.
The second month is February.	Der zweite Monat ist der Februar.
The third month is March.	Der dritte Monat ist der März.
The fourth month is April.	Der vierte Monat ist der April.
The fifth month is May.	Der fünfte Monat ist der Mai.
The sixth month is June.	Der sechste Monat ist der Juni.
Six months make half a year.	Sechs Monate sind ein halbes Jahr.
January, February, March,	Januar, Februar, März,
April, May and June.	April, Mai und Juni.
The seventh month is July.	Der siebte Monat ist der Juli.
The eighth month is August.	Der achte Monat ist der August.
The ninth month is September.	Der neunte Monat ist der September.
The tenth month is October.	Der zehnte Monat ist der Oktober.
The eleventh month is November.	Der elfte Monat ist der November.
The twelfth month is December.	Der zwölfte Monat ist der Dezember.
Twelve months make a year.	Zwölf Monate sind ein Jahr.
July, August, September,	Juli, August, September,
October, November and December.	Oktober, November und Dezember.

Asking questions 1

Fragen stellen 1

to learn	lernen
Do the students learn a lot?	Lernen die Schüler viel?
No, they learn a little.	Nein, sie lernen wenig.
to ask	fragen
Do you often ask the teacher questions?	Fragen Sie oft den Lehrer?
No, I don't ask him questions often.	Nein, ich frage ihn nicht oft.
to reply	antworten
Please reply.	Antworten Sie, bitte.
I reply.	Ich antworte.
to work	arbeiten
Is he working right now?	Arbeitet er gerade?
Yes, he is working right now.	Ja, er arbeitet gerade.
to come	kommen
Are you coming?	Kommen Sie?
Yes, we are coming soon.	Ja, wir kommen gleich.
to live	wohnen
Do you live in Berlin?	Wohnen Sie in Berlin?
Yes, I live in Berlin.	Ja, ich wohne in Berlin.

Asking questions 2

Fragen stellen 2

I have a hobby.
I play tennis.
Where is the tennis court?

Ich habe ein Hobby.
Ich spiele Tennis.
Wo ist ein Tennisplatz?

Do you have a hobby?
I play football / soccer (am.).
Where is the football / soccer (am.) field?

Hast du ein Hobby?
Ich spiele Fußball.
Wo ist ein Fußballplatz?

My arm hurts.
My foot and hand also hurt.
Is there a doctor?

Mein Arm tut weh.
Mein Fuß und meine Hand tun auch weh.
Wo ist ein Doktor?

I have a car/automobile.
I also have a motorcycle.
Where could I park?

Ich habe ein Auto.
Ich habe auch ein Motorrad.
Wo ist ein Parkplatz?

I have a sweater.
I also have a jacket and a pair of jeans.
Where is the washing machine?

Ich habe einen Pullover.
Ich habe auch eine Jacke und eine Jeans.
Wo ist die Waschmaschine?

I have a plate.
I have a knife, a fork and a spoon.
Where is the salt and pepper?

Ich habe einen Teller.
Ich habe ein Messer, eine Gabel und einen Löffel.
Wo sind Salz und Pfeffer?

Negation 1

Verneinung 1

I don't understand the word.	Ich verstehe das Wort nicht.
I don't understand the sentence.	Ich verstehe den Satz nicht.
I don't understand the meaning.	Ich verstehe die Bedeutung nicht.

the teacher	der Lehrer
Do you understand the teacher?	Verstehen Sie den Lehrer?
Yes, I understand him well.	Ja, ich verstehe ihn gut.

the teacher	die Lehrerin
Do you understand the teacher?	Verstehen Sie die Lehrerin?
Yes, I understand her well.	Ja, ich verstehe sie gut.

the people	die Leute
Do you understand the people?	Verstehen Sie die Leute?
No, I don't understand them so well.	Nein, ich verstehe sie nicht so gut.

the girlfriend	die Freundin
Do you have a girlfriend?	Haben Sie eine Freundin?
Yes, I do.	Ja, ich habe eine.

the daughter	die Tochter
Do you have a daughter?	Haben Sie eine Tochter?
No, I don't.	Nein, ich habe keine.

Negation 2

Verneinung 2

Is the ring expensive?	Ist der Ring teuer?
No, it costs only one hundred Euros.	Nein, er kostet nur hundert Euro.
But I have only fifty.	Aber ich habe nur fünfzig.

Are you finished?	Bist du schon fertig?
No, not yet.	Nein, noch nicht.
But I'll be finished soon.	Aber gleich bin ich fertig.

Do you want some more soup?	Möchtest du noch Suppe?
No, I don't want anymore.	Nein, ich will keine mehr.
But another ice cream.	Aber noch ein Eis.

Have you lived here long?	Wohnst du schon lange hier?
No, only for a month.	Nein, erst einen Monat.
But I already know a lot of people.	Aber ich kenne schon viele Leute.

Are you driving home tomorrow?	Fährst du morgen nach Hause?
No, only on the weekend.	Nein, erst am Wochenende.
But I will be back on Sunday.	Aber ich komme schon am Sonntag zurück.

Is your daughter an adult?	Ist deine Tochter schon erwachsen?
No, she is only seventeen.	Nein, sie ist erst siebzehn.
But she already has a boyfriend.	Aber sie hat schon einen Freund.

Possessive pronouns 1

Possessivpronomen 1

I - my
I can't find my key.
I can't find my ticket.

ich - mein
Ich finde meinen Schlüssel nicht.
Ich finde meine Fahrkarte nicht.

you - your
Have you found your key?
Have you found your ticket?

du - dein
Hast du deinen Schlüssel gefunden?
Hast du deine Fahrkarte gefunden?

he - his
Do you know where his key is?
Do you know where his ticket is?

er - sein
Weißt du, wo sein Schlüssel ist?
Weißt du, wo seine Fahrkarte ist?

she - her
Her money is gone.
And her credit card is also gone.

sie - ihr
Ihr Geld ist weg.
Und ihre Kreditkarte ist auch weg.

we - our
Our grandfather is ill.
Our grandmother is healthy.

wir - unser
Unser Opa ist krank.
Unsere Oma ist gesund.

you - your
Children, where is your father?
Children, where is your mother?

ihr - euer
Kinder, wo ist euer Vati?
Kinder, wo ist eure Mutti?

Possessive pronouns 2

Possessivpronomen 2

the glasses	die Brille
He has forgotten his glasses.	Er hat seine Brille vergessen.
Where has he left his glasses?	Wo hat er denn seine Brille?
the clock	die Uhr
His clock isn't working.	Seine Uhr ist kaputt.
The clock hangs on the wall.	Die Uhr hängt an der Wand.
the passport	der Pass
He has lost his passport.	Er hat seinen Pass verloren.
Where is his passport then?	Wo hat er denn seinen Pass?
they - their	sie - ihr
The children cannot find their parents.	Die Kinder können ihre Eltern nicht finden.
Here come their parents!	Aber da kommen ja ihre Eltern!
you - your	Sie - Ihr
How was your trip, Mr. Miller?	Wie war Ihre Reise, Herr Müller?
Where is your wife, Mr. Miller?	Wo ist Ihre Frau, Herr Müller?
you - your	Sie - Ihr
How was your trip, Mrs. Smith?	Wie war Ihre Reise, Frau Schmidt?
Where is your husband, Mrs. Smith?	Wo ist Ihr Mann, Frau Schmidt?

big - small

groß - klein

big and small	groß und klein
The elephant is big.	Der Elefant ist groß.
The mouse is small.	Die Maus ist klein.
dark and bright	dunkel und hell
The night is dark.	Die Nacht ist dunkel.
The day is bright.	Der Tag ist hell.
old and young	alt und jung
Our grandfather is very old.	Unser Großvater ist sehr alt.
70 years ago he was still young.	Vor 70 Jahren war er noch jung.
beautiful and ugly	schön und hässlich
The butterfly is beautiful.	Der Schmetterling ist schön.
The spider is ugly.	Die Spinne ist hässlich.
fat and thin	dick und dünn
A woman who weighs a hundred kilos is fat.	Eine Frau mit 100 Kilo ist dick.
A man who weighs fifty kilos is thin.	Ein Mann mit 50 Kilo ist dünn.
expensive and cheap	teuer und billig
The car is expensive.	Das Auto ist teuer.
The newspaper is cheap.	Die Zeitung ist billig.

to need - to want to

brauchen - wollen

I need a bed.	Ich brauche ein Bett.
I want to sleep.	Ich will schlafen.
Is there a bed here?	Gibt es hier ein Bett?
I need a lamp.	Ich brauche eine Lampe.
I want to read.	Ich will lesen.
Is there a lamp here?	Gibt es hier eine Lampe?
I need a telephone.	Ich brauche ein Telefon.
I want to make a call.	Ich will telefonieren.
Is there a telephone here?	Gibt es hier ein Telefon?
I need a camera.	Ich brauche eine Kamera.
I want to take photographs.	Ich will fotografieren.
Is there a camera here?	Gibt es hier eine Kamera?
I need a computer.	Ich brauche einen Computer.
I want to send an email.	Ich will eine E-Mail schicken.
Is there a computer here?	Gibt es hier einen Computer?
I need a pen.	Ich brauche einen Kuli.
I want to write something.	Ich will etwas schreiben.
Is there a sheet of paper and a pen here?	Gibt es hier ein Blatt Papier und einen Kuli?

to like something

etwas *mögen*

Would you like to smoke?	Möchten Sie rauchen?
Would you like to dance?	Möchten Sie tanzen?
Would you like to go for a walk?	Möchten Sie spazieren gehen?
I would like to smoke.	Ich möchte rauchen.
Would you like a cigarette?	Möchtest du eine Zigarette?
He wants a light.	Er möchte Feuer.
I want to drink something.	Ich möchte etwas trinken.
I want to eat something.	Ich möchte etwas essen.
I want to relax a little.	Ich möchte mich etwas ausruhen.
I want to ask you something.	Ich möchte Sie etwas fragen.
I want to ask you for something.	Ich möchte Sie um etwas bitten.
I want to treat you to something.	Ich möchte Sie zu etwas einladen.
What would you like?	Was möchten Sie bitte?
Would you like a coffee?	Möchten Sie einen Kaffee?
Or do you prefer a tea?	Oder möchten Sie lieber einen Tee?
We want to drive home.	Wir möchten nach Hause fahren.
Do you want a taxi?	Möchtet ihr ein Taxi?
They want to make a call.	Sie möchten telefonieren.

to want something

etwas *wollen*

What do you want to do?	Was wollt ihr?
Do you want to play football / soccer (am.)?	Wollt ihr Fußball spielen?
Do you want to visit friends?	Wollt ihr Freunde besuchen?

to want	wollen
I don't want to arrive late.	Ich will nicht spät kommen.
I don't want to go there.	Ich will nicht hingehen.

I want to go home.	Ich will nach Hause gehen.
I want to stay at home.	Ich will zu Hause bleiben.
I want to be alone.	Ich will allein sein.

Do you want to stay here?	Willst du hier bleiben?
Do you want to eat here?	Willst du hier essen?
Do you want to sleep here?	Willst du hier schlafen?

Do you want to leave tomorrow?	Wollen Sie morgen abfahren?
Do you want to stay till tomorrow?	Wollen Sie bis morgen bleiben?
Do you want to pay the bill only tomorrow?	Wollen Sie die Rechnung erst morgen bezahlen?

Do you want to go to the disco?	Wollt ihr in die Disko?
Do you want to go to the cinema?	Wollt ihr ins Kino?
Do you want to go to a café?	Wollt ihr ins Café?

**to have to do
something / must**

etwas *müssen*

must	müssen
I must post the letter.	Ich muss den Brief verschicken.
I must pay the hotel.	Ich muss das Hotel bezahlen.
You must get up early.	Du musst früh aufstehen.
You must work a lot.	Du musst viel arbeiten.
You must be punctual.	Du musst pünktlich sein.
He must fuel / get petrol / get gas (am.).	Er muss tanken.
He must repair the car.	Er muss das Auto reparieren.
He must wash the car.	Er muss das Auto waschen.
She must shop.	Sie muss einkaufen.
She must clean the apartment.	Sie muss die Wohnung putzen.
She must wash the clothes.	Sie muss die Wäsche waschen.
We must go to school at once.	Wir müssen gleich zur Schule gehen.
We must go to work at once.	Wir müssen gleich zur Arbeit gehen.
We must go to the doctor at once.	Wir müssen gleich zum Arzt gehen.
You must wait for the bus.	Ihr müsst auf den Bus warten.
You must wait for the train.	Ihr müsst auf den Zug warten.
You must wait for the taxi.	Ihr müsst auf das Taxi warten.

to be allowed to

etwas *dürfen*

Are you already allowed to drive?	Darfst du schon Auto fahren?
Are you already allowed to drink alcohol?	Darfst du schon Alkohol trinken?
Are you already allowed to travel abroad alone?	Darfst du schon allein ins Ausland fahren?

may / to be allowed	dürfen
May we smoke here?	Dürfen wir hier rauchen?
Is smoking allowed here?	Darf man hier rauchen?

May one pay by credit card?	Darf man mit Kreditkarte bezahlen?
May one pay by cheque / check (am.)?	Darf man mit Scheck bezahlen?
May one only pay in cash?	Darf man nur bar bezahlen?

May I just make a call?	Darf ich mal eben telefonieren?
May I just ask something?	Darf ich mal eben etwas fragen?
May I just say something?	Darf ich mal eben etwas sagen?

He is not allowed to sleep in the park.	Er darf nicht im Park schlafen.
He is not allowed to sleep in the car.	Er darf nicht im Auto schlafen.
He is not allowed to sleep at the train station.	Er darf nicht im Bahnhof schlafen.

May we take a seat?	Dürfen wir Platz nehmen?
May we have the menu?	Dürfen wir die Speisekarte haben?
May we pay separately?	Dürfen wir getrennt zahlen?

Asking for something

um etwas *bitten*

Can you cut my hair?	Können Sie mir die Haare schneiden?
Not too short, please.	Nicht zu kurz, bitte.
A bit shorter, please.	Etwas kürzer, bitte.
Can you develop the pictures?	Können Sie die Bilder entwickeln?
The pictures are on the CD.	Die Fotos sind auf der CD.
The pictures are in the camera.	Die Fotos sind in der Kamera.
Can you fix the clock?	Können Sie die Uhr reparieren?
The glass is broken.	Das Glas ist kaputt.
The battery is dead / empty.	Die Batterie ist leer.
Can you iron the shirt?	Können Sie das Hemd bügeln?
Can you clean the pants?	Können Sie die Hose reinigen?
Can you fix the shoes?	Können Sie die Schuhe reparieren?
Do you have a light?	Können Sie mir Feuer geben?
Do you have a match or a lighter?	Haben Sie Streichhölzer oder ein Feuerzeug?
Do you have an ashtray?	Haben Sie einen Aschenbecher?
Do you smoke cigars?	Rauchen Sie Zigarren?
Do you smoke cigarettes?	Rauchen Sie Zigaretten?
Do you smoke a pipe?	Rauchen Sie Pfeife?

Why aren't you coming?
The weather is so bad.
I am not coming because the weather is so bad.

Warum kommen Sie nicht?
Das Wetter ist so schlecht.
Ich komme nicht, weil das Wetter so schlecht ist.

Why isn't he coming?
He isn't invited.
He isn't coming because he isn't invited.

Warum kommt er nicht?
Er ist nicht eingeladen.
Er kommt nicht, weil er nicht eingeladen ist.

Why aren't you coming?
I have no time.
I am not coming because I have no time.

Warum kommst du nicht?
Ich habe keine Zeit.
Ich komme nicht, weil ich keine Zeit habe.

Why don't you stay?
I still have to work.
I am not staying because I still have to work.

Warum bleibst du nicht?
Ich muss noch arbeiten.
Ich bleibe nicht, weil ich noch arbeiten muss.

Why are you going already?
I am tired.
I'm going because I'm tired.

Warum gehen Sie schon?
Ich bin müde.
Ich gehe, weil ich müde bin.

Why are you going already?
It is already late.
I'm going because it is already late.

Warum fahren Sie schon?
Es ist schon spät.
Ich fahre, weil es schon spät ist.

Why didn't you come?
I was ill.
I didn't come because I was ill.

Warum bist du nicht gekommen?
Ich war krank.
Ich bin nicht gekommen, weil ich krank war.

Why didn't she come?
She was tired.
She didn't come because she was tired.

Warum ist sie nicht gekommen?
Sie war müde.
Sie ist nicht gekommen, weil sie müde war.

Why didn't he come?
He wasn't interested.
He didn't come because he wasn't interested.

Warum ist er nicht gekommen?
Er hatte keine Lust.
Er ist nicht gekommen, weil er keine Lust hatte.

Why didn't you come?
Our car is damaged.
We didn't come because our car is damaged.

Warum seid ihr nicht gekommen?
Unser Auto ist kaputt.
Wir sind nicht gekommen, weil unser Auto kaputt ist.

Why didn't the people come?
They missed the train.
They didn't come because they missed the train.

Warum sind die Leute nicht gekommen?
Sie haben den Zug verpasst.
Sie sind nicht gekommen, weil sie den Zug verpasst haben.

Why didn't you come?
I was not allowed to.
I didn't come because I was not allowed to.

Warum bist du nicht gekommen?
Ich durfte nicht.
Ich bin nicht gekommen, weil ich nicht durfte.

Giving reasons 3

etwas *begründen* 3

Why aren't you eating the cake?	Warum essen Sie die Torte nicht?
I must lose weight.	Ich muss abnehmen.
I'm not eating it because I must lose weight.	Ich esse sie nicht, weil ich abnehmen muss.
Why aren't you drinking the beer?	Warum trinken Sie das Bier nicht?
I have to drive.	Ich muss noch fahren.
I'm not drinking it because I have to drive.	Ich trinke es nicht, weil ich noch fahren muss.
Why aren't you drinking the coffee?	Warum trinkst du den Kaffee nicht?
It is cold.	Er ist kalt.
I'm not drinking it because it is cold.	Ich trinke ihn nicht, weil er kalt ist.
Why aren't you drinking the tea?	Warum trinkst du den Tee nicht?
I have no sugar.	Ich habe keinen Zucker.
I'm not drinking it because I don't have any sugar.	Ich trinke ihn nicht, weil ich keinen Zucker habe.
Why aren't you eating the soup?	Warum essen Sie die Suppe nicht?
I didn't order it.	Ich habe sie nicht bestellt.
I'm not eating it because I didn't order it.	Ich esse sie nicht, weil ich sie nicht bestellt habe.
Why don't you eat the meat?	Warum essen Sie das Fleisch nicht?
I am a vegetarian.	Ich bin Vegetarier.
I'm not eating it because I am a vegetarian.	Ich esse es nicht, weil ich Vegetarier bin.

Adjectives 1

Adjektive 1

an old lady	eine alte Frau
a fat lady	eine dicke Frau
a curious lady	eine neugierige Frau
a new car	ein neuer Wagen
a fast car	ein schneller Wagen
a comfortable car	ein bequemer Wagen
a blue dress	ein blaues Kleid
a red dress	ein rotes Kleid
a green dress	ein grünes Kleid
a black bag	eine schwarze Tasche
a brown bag	eine braune Tasche
a white bag	eine weiße Tasche
nice people	nette Leute
polite people	höfliche Leute
interesting people	interessante Leute
loving children	liebe Kinder
cheeky children	freche Kinder
well behaved children	brave Kinder

Adjectives 2

Adjektive 2

I am wearing a blue dress.	Ich habe ein blaues Kleid an.
I am wearing a red dress.	Ich habe ein rotes Kleid an.
I am wearing a green dress.	Ich habe ein grünes Kleid an.
I'm buying a black bag.	Ich kaufe eine schwarze Tasche.
I'm buying a brown bag.	Ich kaufe eine braune Tasche.
I'm buying a white bag.	Ich kaufe eine weiße Tasche.
I need a new car.	Ich brauche einen neuen Wagen.
I need a fast car.	Ich brauche einen schnellen Wagen.
I need a comfortable car.	Ich brauche einen bequemen Wagen.
An old lady lives at the top.	Da oben wohnt eine alte Frau.
A fat lady lives at the top.	Da oben wohnt eine dicke Frau.
A curious lady lives below.	Da unten wohnt eine neugierige Frau.
Our guests were nice people.	Unsere Gäste waren nette Leute.
Our guests were polite people.	Unsere Gäste waren höfliche Leute.
Our guests were interesting people.	Unsere Gäste waren interessante Leute.
I have lovely children.	Ich habe liebe Kinder.
But the neighbours have naughty children.	Aber die Nachbarn haben freche Kinder.
Are your children well behaved?	Sind Ihre Kinder brav?

Adjectives 3

Adjektive 3

She has a dog.	Sie hat einen Hund.
The dog is big.	Der Hund ist groß.
She has a big dog.	Sie hat einen großen Hund.
She has a house.	Sie hat ein Haus.
The house is small.	Das Haus ist klein.
She has a small house.	Sie hat ein kleines Haus.
He is staying in a hotel.	Er wohnt in einem Hotel.
The hotel is cheap.	Das Hotel ist billig.
He is staying in a cheap hotel.	Er wohnt in einem billigen Hotel.
He has a car.	Er hat ein Auto.
The car is expensive.	Das Auto ist teuer.
He has an expensive car.	Er hat ein teures Auto.
He reads a novel.	Er liest einen Roman.
The novel is boring.	Der Roman ist langweilig.
He is reading a boring novel.	Er liest einen langweiligen Roman.
She is watching a movie.	Sie sieht einen Film.
The movie is exciting.	Der Film ist spannend.
She is watching an exciting movie.	Sie sieht einen spannenden Film.

to write
He wrote a letter.
And she wrote a card.

schreiben
Er schrieb einen Brief.
Und sie schrieb eine Karte.

to read
He read a magazine.
And she read a book.

lesen
Er las eine Illustrierte.
Und sie las ein Buch.

to take
He took a cigarette.
She took a piece of chocolate.

nehmen
Er nahm eine Zigarette.
Sie nahm ein Stück Schokolade.

He was disloyal, but she was loyal.
He was lazy, but she was hard-working.
He was poor, but she was rich.

Er war untreu, aber sie war treu.
Er war faul, aber sie war fleißig.
Er war arm, aber sie war reich.

He had no money, only debts.
He had no luck, only bad luck.
He had no success, only failure.

Er hatte kein Geld, sondern Schulden.
Er hatte kein Glück, sondern Pech.
Er hatte keinen Erfolg, sondern Misserfolg.

He was not satisfied, but dissatisfied.
He was not happy, but sad.
He was not friendly, but unfriendly.

Er war nicht zufrieden, sondern unzufrieden.
Er war nicht glücklich, sondern unglücklich.
Er war nicht sympathisch, sondern unsympathisch.

Did you have to call an ambulance?	Musstest du einen Krankenwagen rufen?
Did you have to call the doctor?	Musstest du den Arzt rufen?
Did you have to call the police?	Musstest du die Polizei rufen?
Do you have the telephone number? I had it just now.	Haben Sie die Telefonnummer? Gerade hatte ich sie noch.
Do you have the address? I had it just now.	Haben Sie die Adresse? Gerade hatte ich sie noch.
Do you have the city map? I had it just now.	Haben Sie den Stadtplan? Gerade hatte ich ihn noch.
Did he come on time? He could not come on time.	Kam er pünktlich? Er konnte nicht pünktlich kommen.
Did he find the way? He could not find the way.	Fand er den Weg? Er konnte den Weg nicht finden.
Did he understand you? He could not understand me.	Verstand er dich? Er konnte mich nicht verstehen.
Why could you not come on time?	Warum konntest du nicht pünktlich kommen?
Why could you not find the way?	Warum konntest du den Weg nicht finden?
Why could you not understand him?	Warum konntest du ihn nicht verstehen?
I could not come on time because there were no buses.	Ich konnte nicht pünktlich kommen, weil kein Bus fuhr.
I could not find the way because I had no city map.	Ich konnte den Weg nicht finden, weil ich keinen Stadtplan hatte.
I could not understand him because the music was so loud.	Ich konnte ihn nicht verstehen, weil die Musik so laut war.
I had to take a taxi.	Ich musste ein Taxi nehmen.
I had to buy a city map.	Ich musste einen Stadtplan kaufen.
I had to switch off the radio.	Ich musste das Radio ausschalten.

to make a call	telefonieren
I made a call.	Ich habe telefoniert.
I was talking on the phone all the time.	Ich habe die ganze Zeit telefoniert.
to ask	fragen
I asked.	Ich habe gefragt.
I always asked.	Ich habe immer gefragt.
to narrate	erzählen
I narrated.	Ich habe erzählt.
I narrated the whole story.	Ich habe die ganze Geschichte erzählt.
to study	lernen
I studied.	Ich habe gelernt.
I studied the whole evening.	Ich habe den ganzen Abend gelernt.
to work	arbeiten
I worked.	Ich habe gearbeitet.
I worked all day long.	Ich habe den ganzen Tag gearbeitet.
to eat	essen
I ate.	Ich habe gegessen.
I ate all the food.	Ich habe das ganze Essen gegessen.

Past tense 4

Vergangenheit 4

to read	lesen
I read.	Ich habe gelesen.
I read the whole novel.	Ich habe den ganzen Roman gelesen.
to understand	verstehen
I understood.	Ich habe verstanden.
I understood the whole text.	Ich habe den ganzen Text verstanden.
to answer	antworten
I answered.	Ich habe geantwortet.
I answered all the questions.	Ich habe auf alle Fragen geantwortet.
I know that - I knew that.	Ich weiß das - ich habe das gewusst.
I write that - I wrote that.	Ich schreibe das - ich habe das geschrieben.
I hear that - I heard that.	Ich höre das - ich habe das gehört.
I'll get it - I got it.	Ich hole das - ich habe das geholt.
I'll bring that - I brought that.	Ich bringe das - ich habe das gebracht.
I'll buy that - I bought that.	Ich kaufe das - ich habe das gekauft.
I expect that - I expected that.	Ich erwarte das - ich habe das erwartet.
I'll explain that - I explained that.	Ich erkläre das - ich habe das erklärt.
I know that - I knew that.	Ich kenne das - ich habe das gekannt.

**Questions - Past tense
1**

**Fragen - Vergangenheit
1**

How much did you drink?	Wie viel haben Sie getrunken?
How much did you work?	Wie viel haben Sie gearbeitet?
How much did you write?	Wie viel haben Sie geschrieben?
How did you sleep?	Wie haben Sie geschlafen?
How did you pass the exam?	Wie haben Sie die Prüfung bestanden?
How did you find the way?	Wie haben Sie den Weg gefunden?
Who did you speak to?	Mit wem haben Sie gesprochen?
With whom did you make an appointment?	Mit wem haben Sie sich verabredet?
With whom did you celebrate your birthday?	Mit wem haben Sie Geburtstag gefeiert?
Where were you?	Wo sind Sie gewesen?
Where did you live?	Wo haben Sie gewohnt?
Where did you work?	Wo haben Sie gearbeitet?
What did you suggest?	Was haben Sie empfohlen?
What did you eat?	Was haben Sie gegessen?
What did you experience?	Was haben Sie erfahren?
How fast did you drive?	Wie schnell sind Sie gefahren?
How long did you fly?	Wie lange sind Sie geflogen?
How high did you jump?	Wie hoch sind Sie gesprungen?

**Questions - Past tense
2**

**Fragen - Vergangenheit
2**

Which tie did you wear?	Welche Krawatte hast du getragen?
Which car did you buy?	Welches Auto hast du gekauft?
Which newspaper did you subscribe to?	Welche Zeitung hast du abonniert?

Who did you see?	Wen haben Sie gesehen?
Who did you meet?	Wen haben Sie getroffen?
Who did you recognize?	Wen haben Sie erkannt?

When did you get up?	Wann sind Sie aufgestanden?
When did you start?	Wann haben Sie begonnen?
When did you finish?	Wann haben Sie aufgehört?

Why did you wake up?	Warum sind Sie aufgewacht?
Why did you become a teacher?	Warum sind Sie Lehrer geworden?
Why did you take a taxi?	Warum haben Sie ein Taxi genommen?

Where did you come from?	Woher sind Sie gekommen?
Where did you go?	Wohin sind Sie gegangen?
Where were you?	Wo sind Sie gewesen?

Who did you help?	Wem hast du geholfen?
Who did you write to?	Wem hast du geschrieben?
Who did you reply to?	Wem hast du geantwortet?

Past tense of modal verbs 1

Vergangenheit der Modalverben 1

We had to water the flowers.	Wir mussten die Blumen gießen.
We had to clean the apartment.	Wir mussten die Wohnung aufräumen.
We had to wash the dishes.	Wir mussten das Geschirr spülen.
Did you have to pay the bill?	Musstet ihr die Rechnung bezahlen?
Did you have to pay an entrance fee?	Musstet ihr Eintritt bezahlen?
Did you have to pay a fine?	Musstet ihr eine Strafe bezahlen?
Who had to say goodbye?	Wer musste sich verabschieden?
Who had to go home early?	Wer musste früh nach Hause gehen?
Who had to take the train?	Wer musste den Zug nehmen?
We did not want to stay long.	Wir wollten nicht lange bleiben.
We did not want to drink anything.	Wir wollten nichts trinken.
We did not want to disturb you.	Wir wollten nicht stören.
I just wanted to make a call.	Ich wollte eben telefonieren.
I just wanted to call a taxi.	Ich wollte ein Taxi bestellen.
Actually I wanted to drive home.	Ich wollte nämlich nach Haus fahren.
I thought you wanted to call your wife.	Ich dachte, du wolltest deine Frau anrufen.
I thought you wanted to call information.	Ich dachte, du wolltest die Auskunft anrufen.
I thought you wanted to order a pizza.	Ich dachte, du wolltest eine Pizza bestellen.

Past tense of modal verbs 2

Vergangenheit der Modalverben 2

My son did not want to play with the doll.
My daughter did not want to play football / soccer (am.).
My wife did not want to play chess with me.

Mein Sohn wollte nicht mit der Puppe spielen.
Meine Tochter wollte nicht Fußball spielen.
Meine Frau wollte nicht mit mir Schach spielen.

My children did not want to go for a walk.
They did not want to tidy the room.
They did not want to go to bed.

Meine Kinder wollten keinen Spaziergang machen.
Sie wollten nicht das Zimmer aufräumen.
Sie wollten nicht ins Bett gehen.

He was not allowed to eat ice cream.
He was not allowed to eat chocolate.
He was not allowed to eat sweets.

Er durfte kein Eis essen.
Er durfte keine Schokolade essen.
Er durfte keine Bonbons essen.

I was allowed to make a wish.
I was allowed to buy myself a dress.
I was allowed to take a chocolate.

Ich durfte mir etwas wünschen.
Ich durfte mir ein Kleid kaufen.
Ich durfte mir eine Praline nehmen.

Were you allowed to smoke in the airplane?
Were you allowed to drink beer in the hospital?
Were you allowed to take the dog into the hotel?

Durftest du im Flugzeug rauchen?
Durftest du im Krankenhaus Bier trinken?
Durftest du den Hund ins Hotel mitnehmen?

During the holidays the children were allowed to remain outside late.
They were allowed to play in the yard for a long time.
They were allowed to stay up late.

In den Ferien durften die Kinder lange draußen bleiben.
Sie durften lange im Hof spielen.
Sie durften lange aufbleiben.

Imperative 1

Imperativ 1

You are so lazy - don't be so lazy!	Du bist so faul - sei doch nicht so faul!
You sleep for so long - don't sleep so late!	Du schläfst so lang - schlaf doch nicht so lang!
You come home so late - don't come home so late!	Du kommst so spät - komm doch nicht so spät!
You laugh so loudly - don't laugh so loudly!	Du lachst so laut - lach doch nicht so laut!
You speak so softly - don't speak so softly!	Du sprichst so leise - sprich doch nicht so leise!
You drink too much - don't drink so much!	Du trinkst zu viel - trink doch nicht so viel!
You smoke too much - don't smoke so much!	Du rauchst zu viel - rauch doch nicht so viel!
You work too much - don't work so much!	Du arbeitest zu viel - arbeite doch nicht so viel!
You drive too fast - don't drive so fast!	Du fährst so schnell - fahr doch nicht so schnell!
Get up, Mr. Miller!	Stehen Sie auf, Herr Müller!
Sit down, Mr. Miller!	Setzen Sie sich, Herr Müller!
Remain seated, Mr. Miller!	Bleiben Sie sitzen, Herr Müller!
Be patient!	Haben Sie Geduld!
Take your time!	Nehmen Sie sich Zeit!
Wait a moment!	Warten Sie einen Moment!
Be careful!	Seien Sie vorsichtig!
Be punctual!	Seien Sie pünktlich!
Don't be stupid!	Seien Sie nicht dumm!

Imperative 2

Imperativ 2

Shave!	Rasier dich!
Wash yourself!	Wasch dich!
Comb your hair!	Kämm dich!
Call!	Ruf an! Rufen Sie an!
Begin!	Fang an! Fangen Sie an!
Stop!	Hör auf! Hören Sie auf!
Leave it!	Lass das! Lassen Sie das!
Say it!	Sag das! Sagen Sie das!
Buy it!	Kauf das! Kaufen Sie das!
Never be dishonest!	Sei nie unehrlich!
Never be naughty!	Sei nie frech!
Never be impolite!	Sei nie unhöflich!
Always be honest!	Sei immer ehrlich!
Always be nice!	Sei immer nett!
Always be polite!	Sei immer höflich!
Hope you arrive home safely!	Kommen Sie gut nach Haus!
Take care of yourself!	Passen Sie gut auf sich auf!
Do visit us again soon!	Besuchen Sie uns bald wieder!

Subordinate clauses: *that* 1

Nebensätze mit *dass* 1

Perhaps the weather will get better tomorrow.	Das Wetter wird vielleicht morgen besser.
How do you know that?	Woher wissen Sie das?
I hope that it gets better.	Ich hoffe, dass es besser wird.
He will definitely come.	Er kommt ganz bestimmt.
Are you sure?	Ist das sicher?
I know that he'll come.	Ich weiß, dass er kommt.
He'll definitely call.	Er ruft bestimmt an.
Really?	Wirklich?
I believe that he'll call.	Ich glaube, dass er anruft.
The wine is definitely old.	Der Wein ist sicher alt.
Do you know that for sure?	Wissen Sie das genau?
I think that it is old.	Ich vermute, dass er alt ist.
Our boss is good-looking.	Unser Chef sieht gut aus.
Do you think so?	Finden Sie?
I find him very handsome.	Ich finde, dass er sogar sehr gut aussieht.
The boss definitely has a girlfriend.	Der Chef hat bestimmt eine Freundin.
Do you really think so?	Glauben Sie wirklich?
It is very possible that he has a girlfriend.	Es ist gut möglich, dass er eine Freundin hat.

Subordinate clauses: *that* 2

Nebensätze mit *dass* 2

I'm angry that you snore.	Es ärgert mich, dass du schnarchst.
I'm angry that you drink so much beer.	Es ärgert mich, dass du so viel Bier trinkst.
I'm angry that you come so late.	Es ärgert mich, dass du so spät kommst.
I think he needs a doctor.	Ich glaube, dass er einen Arzt braucht.
I think he is ill.	Ich glaube, dass er krank ist.
I think he is sleeping now.	Ich glaube, dass er jetzt schläft.
We hope that he marries our daughter.	Wir hoffen, dass er unsere Tochter heiratet.
We hope that he has a lot of money.	Wir hoffen, dass er viel Geld hat.
We hope that he is a millionaire.	Wir hoffen, dass er Millionär ist.
I heard that your wife had an accident.	Ich habe gehört, dass deine Frau einen Unfall hatte.
I heard that she is in the hospital.	Ich habe gehört, dass sie im Krankenhaus liegt.
I heard that your car is completely wrecked.	Ich habe gehört, dass dein Auto total kaputt ist.
I'm happy that you came.	Es freut mich, dass Sie gekommen sind.
I'm happy that you are interested.	Es freut mich, dass Sie Interesse haben.
I'm happy that you want to buy the house.	Es freut mich, dass Sie das Haus kaufen wollen.
I'm afraid the last bus has already gone.	Ich fürchte, dass der letzte Bus schon weg ist.
I'm afraid we will have to take a taxi.	Ich fürchte, dass wir ein Taxi nehmen müssen.
I'm afraid I have no more money.	Ich fürchte, dass ich kein Geld bei mir habe.

Subordinate clauses: *if*

Nebensätze mit *ob*

I don't know if he loves me.	Ich weiß nicht, ob er mich liebt.
I don't know if he'll come back.	Ich weiß nicht, ob er zurückkommt.
I don't know if he'll call me.	Ich weiß nicht, ob er mich anruft.
Maybe he doesn't love me?	Ob er mich wohl liebt?
Maybe he won't come back?	Ob er wohl zurückkommt?
Maybe he won't call me?	Ob er mich wohl anruft?
I wonder if he thinks about me.	Ich frage mich, ob er an mich denkt.
I wonder if he has someone else.	Ich frage mich, ob er eine andere hat.
I wonder if he lies.	Ich frage mich, ob er lügt.
Maybe he thinks of me?	Ob er wohl an mich denkt?
Maybe he has someone else?	Ob er wohl eine andere hat?
Maybe he tells me the truth?	Ob er wohl die Wahrheit sagt?
I doubt whether he really likes me.	Ich zweifele, ob er mich wirklich mag.
I doubt whether he'll write to me.	Ich zweifele, ob er mir schreibt.
I doubt whether he'll marry me.	Ich zweifele, ob er mich heiratet.
Does he really like me?	Ob er mich wohl wirklich mag?
Will he write to me?	Ob er mir wohl schreibt?
Will he marry me?	Ob er mich wohl heiratet?

Conjunctions 1

Konjunktionen 1

Wait until the rain stops.	Warte, bis der Regen aufhört.
Wait until I'm finished.	Warte, bis ich fertig bin.
Wait until he comes back.	Warte, bis er zurückkommt.

I'll wait until my hair is dry.	Ich warte, bis meine Haare trocken sind.
I'll wait until the film is over.	Ich warte, bis der Film zu Ende ist.
I'll wait until the traffic light is green.	Ich warte, bis die Ampel grün ist.

When do you go on holiday?	Wann fährst du in Urlaub?
Before the summer holidays?	Noch vor den Sommerferien?
Yes, before the summer holidays begin.	Ja, noch bevor die Sommerferien beginnen.

Repair the roof before the winter begins.	Reparier das Dach, bevor der Winter beginnt.
Wash your hands before you sit at the table.	Wasch deine Hände, bevor du dich an den Tisch setzt.
Close the window before you go out.	Schließ das Fenster, bevor du rausgehst.

When will you come home?	Wann kommst du nach Hause?
After class?	Nach dem Unterricht?
Yes, after the class is over.	Ja, nachdem der Unterricht aus ist.

After he had an accident, he could not work anymore.	Nachdem er einen Unfall hatte, konnte er nicht mehr arbeiten.
After he had lost his job, he went to America.	Nachdem er die Arbeit verloren hatte, ist er nach Amerika gegangen.
After he went to America, he became rich.	Nachdem er nach Amerika gegangen war, ist er reich geworden.

Conjunctions 2

Konjunktionen 2

Since when is she no longer working?
Since her marriage?
Yes, she is no longer working since she got married.

Since she got married, she's no longer working.
Since they have met each other, they are happy.
Since they have had children, they rarely go out.

When does she call?
When driving?
Yes, when she is driving.

She calls while she drives.
She watches TV while she irons.
She listens to music while she does her work.

I can't see anything when I don't have glasses.
I can't understand anything when the music is so loud.
I can't smell anything when I have a cold.

We'll take a taxi if it rains.
We'll travel around the world if we win the lottery.
We'll start eating if he doesn't come soon.

Seit wann arbeitet sie nicht mehr?
Seit ihrer Heirat?
Ja, sie arbeitet nicht mehr, seitdem sie geheiratet hat.

Seitdem sie geheiratet hat, arbeitet sie nicht mehr.
Seitdem sie sich kennen, sind sie glücklich.
Seitdem sie Kinder haben, gehen sie selten aus.

Wann telefoniert sie?
Während der Fahrt?
Ja, während sie Auto fährt.

Sie telefoniert, während sie Auto fährt.
Sie sieht fern, während sie bügelt.
Sie hört Musik, während sie ihre Aufgaben macht.

Ich sehe nichts, wenn ich keine Brille habe.
Ich verstehe nichts, wenn die Musik so laut ist.
Ich rieche nichts, wenn ich Schnupfen habe.

Wir nehmen ein Taxi, wenn es regnet.
Wir reisen um die Welt, wenn wir im Lotto gewinnen.
Wir fangen mit dem Essen an, wenn er nicht bald kommt.

Conjunctions 3

Konjunktionen 3

I get up as soon as the alarm rings.	Ich stehe auf, sobald der Wecker klingelt.
I become tired as soon as I have to study.	Ich werde müde, sobald ich lernen soll.
I will stop working as soon as I am 60.	Ich höre auf zu arbeiten, sobald ich 60 bin.
When will you call?	Wann rufen Sie an?
As soon as I have a moment.	Sobald ich einen Moment Zeit habe.
He'll call, as soon as he has a little time.	Er ruft an, sobald er etwas Zeit hat.
How long will you work?	Wie lange werden Sie arbeiten?
I'll work as long as I can.	Ich werde arbeiten, solange ich kann.
I'll work as long as I am healthy.	Ich werde arbeiten, solange ich gesund bin.
He lies in bed instead of working.	Er liegt im Bett, anstatt dass er arbeitet.
She reads the newspaper instead of cooking.	Sie liest die Zeitung, anstatt dass sie kocht.
He is at the bar instead of going home.	Er sitzt in der Kneipe, anstatt dass er nach Hause geht.
As far as I know, he lives here.	Soweit ich weiß, wohnt er hier.
As far as I know, his wife is ill.	Soweit ich weiß, ist seine Frau krank.
As far as I know, he is unemployed.	Soweit ich weiß, ist er arbeitslos.
I overslept; otherwise I'd have been on time.	Ich hatte verschlafen, sonst wäre ich pünktlich gewesen.
I missed the bus; otherwise I'd have been on time.	Ich hatte den Bus verpasst, sonst wäre ich pünktlich gewesen.
I didn't find the way / I got lost; otherwise I'd have been on time.	Ich hatte den Weg nicht gefunden, sonst wäre ich pünktlich gewesen.

He fell asleep although the TV was on.	Er ist eingeschlafen, obwohl der Fernseher an war.
He stayed a while although it was late.	Er ist noch geblieben, obwohl es schon spät war.
He didn't come although we had made an appointment.	Er ist nicht gekommen, obwohl wir uns verabredet hatten.
The TV was on. Nevertheless, he fell asleep.	Der Fernseher war an. Trotzdem ist er eingeschlafen.
It was already late. Nevertheless, he stayed a while.	Es war schon spät. Trotzdem ist er noch geblieben.
We had made an appointment. Nevertheless, he didn't come.	Wir hatten uns verabredet. Trotzdem ist er nicht gekommen.
Although he has no license, he drives the car.	Obwohl er keinen Führerschein hat, fährt er Auto.
Although the road is slippery, he drives so fast.	Obwohl die Straße glatt ist, fährt er schnell.
Although he is drunk, he rides his bicycle.	Obwohl er betrunken ist, fährt er mit dem Rad.
Despite having no licence / license (am.), he drives the car.	Er hat keinen Führerschein. Trotzdem fährt er Auto.
Despite the road being slippery, he drives fast.	Die Straße ist glatt. Trotzdem fährt er so schnell.
Despite being drunk, he rides the bike.	Er ist betrunken. Trotzdem fährt er mit dem Rad.
Although she went to college, she can't find a job.	Sie findet keine Stelle, obwohl sie studiert hat.
Although she is in pain, she doesn't go to the doctor.	Sie geht nicht zum Arzt, obwohl sie Schmerzen hat.
Although she has no money, she buys a car.	Sie kauft ein Auto, obwohl sie kein Geld hat.
She went to college. Nevertheless, she can't find a job.	Sie hat studiert. Trotzdem findet sie keine Stelle.
She is in pain. Nevertheless, she doesn't go to the doctor.	Sie hat Schmerzen. Trotzdem geht sie nicht zum Arzt.
She has no money. Nevertheless, she buys a car.	Sie hat kein Geld. Trotzdem kauft sie ein Auto.

Double connectors

Doppelte Konjunktionen

The journey was beautiful, but too tiring.
The train was on time, but too full.
The hotel was comfortable, but too expensive.

Die Reise war zwar schön, aber zu anstrengend.
Der Zug war zwar pünktlich, aber zu voll.
Das Hotel war zwar gemütlich, aber zu teuer.

He'll take either the bus or the train.
He'll come either this evening or tomorrow morning.
He's going to stay either with us or in the hotel.

Er nimmt entweder den Bus oder den Zug.
Er kommt entweder heute Abend oder morgen früh.
Er wohnt entweder bei uns oder im Hotel.

She speaks Spanish as well as English.
She has lived in Madrid as well as in London.
She knows Spain as well as England.

Sie spricht sowohl Spanisch als auch Englisch.
Sie hat sowohl in Madrid als auch in London gelebt.
Sie kennt sowohl Spanien als auch England.

He is not only stupid, but also lazy.
She is not only pretty, but also intelligent.
She speaks not only German, but also French.

Er ist nicht nur dumm, sondern auch faul.
Sie ist nicht nur hübsch, sondern auch intelligent.
Sie spricht nicht nur Deutsch, sondern auch Französisch.

I can neither play the piano nor the guitar.
I can neither waltz nor do the samba.
I like neither opera nor ballet.

Ich kann weder Klavier noch Gitarre spielen.
Ich kann weder Walzer noch Samba tanzen.
Ich mag weder Oper noch Ballett.

The faster you work, the earlier you will be finished.
The earlier you come, the earlier you can go.
The older one gets, the more complacent one gets.

Je schneller du arbeitest, desto früher bist du fertig.
Je früher du kommst, desto früher kannst du gehen.
Je älter man wird, desto bequemer wird man.

Genitive

Genitiv

my girlfriend's cat	die Katze meiner Freundin
my boyfriend's dog	der Hund meines Freundes
my children's toys	die Spielsachen meiner Kinder
This is my colleague's overcoat.	Das ist der Mantel meines Kollegen.
That is my colleague's car.	Das ist das Auto meiner Kollegin.
That is my colleagues' work.	Das ist die Arbeit meiner Kollegen.
The button from the shirt is gone.	Der Knopf von dem Hemd ist ab.
The garage key is gone.	Der Schlüssel von der Garage ist weg.
The boss' computer is not working.	Der Computer vom Chef ist kaputt.
Who are the girl's parents?	Wer sind die Eltern des Mädchens?
How do I get to her parents' house?	Wie komme ich zum Haus ihrer Eltern?
The house is at the end of the road.	Das Haus steht am Ende der Straße.
What is the name of the capital city of Switzerland?	Wie heißt die Hauptstadt von der Schweiz?
What is the title of the book?	Wie heißt der Titel von dem Buch?
What are the names of the neighbour's / neighbor's (am.) children?	Wie heißen die Kinder von den Nachbarn?
When are the children's holidays?	Wann sind die Schulferien von den Kindern?
What are the doctor's consultation times?	Wann sind die Sprechzeiten von dem Arzt?
What time is the museum open?	Wann sind die Öffnungszeiten von dem Museum?

Adverbs

Adverbien

already - not yet
Have you already been to Berlin?
No, not yet.

schon einmal - noch nie
Sind Sie schon einmal in Berlin gewesen?
Nein, noch nie.

someone - no one
Do you know someone here?
No, I don't know anyone here.

jemand - niemand
Kennen Sie hier jemand(en)?
Nein, ich kenne hier niemand(en).

a little longer - not much longer
Will you stay here a little longer?
No, I won't stay here much longer.

noch - nicht mehr
Bleiben Sie noch lange hier?
Nein, ich bleibe nicht mehr lange hier.

something else - nothing else
Would you like to drink something else?
No, I don't want anything else.

noch etwas - nichts mehr
Möchten Sie noch etwas trinken?
Nein, ich möchte nichts mehr.

something already - nothing yet
Have you already eaten something?
No, I haven't eaten anything yet.

schon etwas - noch nichts
Haben Sie schon etwas gegessen?
Nein, ich habe noch nichts gegessen.

someone else - no one else
Does anyone else want a coffee?
No, no one else.

noch jemand - niemand mehr
Möchte noch jemand einen Kaffee?
Nein, niemand mehr.

Printed in Great Britain by
Amazon.co.uk, Ltd.,
Marston Gate.